우아한 우쿨렐레

김규아(마녀샘) 편저

세광음악출판사

안녕하세요. 반갑습니다.

이 책을 펼쳐 주셔서 정말 고맙습니다.
책으로 먼저 인사를 드리지만, 이상하게도 바로 옆에 앉아 이야기하는 듯한 마음이 듭니다.

우쿨렐레는 제게 첫사랑 같은 악기입니다.
처음 안았을 때의 가벼움,
툭 건드리기만 해도 울려 나오는 따뜻한 소리,
괜히 기분이 좋아져서 자꾸 웃게 되던 그 순간들.
우쿨렐레를 만날 때마다 저는 늘 그때로 돌아갑니다.

그래서 늘 생각했습니다.
'이 악기를, 나만 좋아하지 말고
누구나 편하게, 오래오래 즐길 수 있으면 좋겠다'

이 책이 조금 큰 이유도 바로 그 마음 때문입니다.
악보가 잘 보이고, 글씨를 읽느라 애쓰지 않아도 되고,
책을 펼치는 순간부터 마음이 편안했으면 했어요.
어렵지 않게, 부담 없이,
그냥 우쿨렐레를 즐기기만 하면 좋겠다고 생각했습니다.

우쿨렐레를 즐기는 방법은 여러 가지가 있지만,
제가 가장 좋아하는 시간은 노래하면서 연주하는 순간입니다.
그런데 생각보다 많은 분들이 이렇게 말씀하세요.
"연주하면 노래를 놓치고, 노래하면 손이 멈춰요."

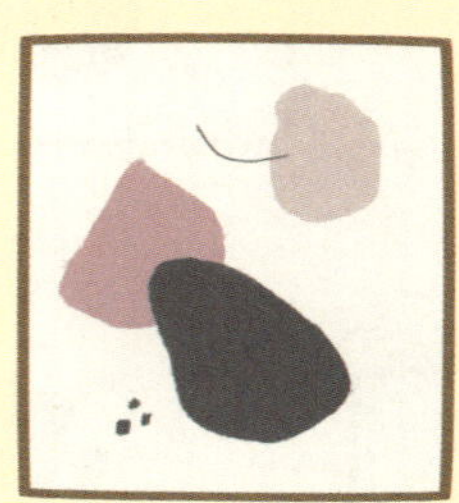

그래서 고민했습니다.
어떻게 하면 우쿨렐레를 치면서
노래까지 자연스럽게 이어질 수 있을까?

이 책은 그 고민에서 출발했습니다.
박자를 한눈에 볼 수 있도록 나누고, 스트로크 방향을 미리 알려드리고,
악보를 따라가다 노래가 멀어지지 않도록
하나씩 차근차근 정리해 보았습니다.

이 책은 '잘 치는 사람'을 만들기 위한 책이라기보다,
우쿨렐레를 더 좋아하게 되는 경험을 드리고 싶어 만든 책입니다.
수업에서도, 혼자 연습할 때도, 그리고 어느 날 문득
노래가 하고 싶을 때도
자연스럽게 꺼내 들 수 있는 책이기를 바랍니다.

작고 귀여운 이 악기가
여러분의 하루에
조금 더 많은 노래와 웃음을 데려다주길 바라며,
이 책을 건넵니다.

감사합니다.

저자 김규아 (마녀샘)

Contents

1 우쿨렐레 유래와 이름의 의미

자료 출처: ChatGPT (OpenAI) 생성 이미지
「사탕수수 밭에 무사히 도착해
브라기냐를 연주하는 포르투갈인들」

민속악기 '브라기냐'

자료 출처: ChatGPT (OpenAI) 생성 이미지
「하와이 사탕 수수 농장 이주민들」

 ## 이야기로 만나는 우쿨렐레

1879년, 아주 먼 나라 포르투갈에서 사람들이 하와이로 배를 타고 긴 항해를 떠났어요. 그들은 사탕 수수 밭을 가꾸기 위해 새로운 땅으로 향한 것이었죠. 그리고 드디어, 길고 험한 항해를 무사히 마치고 하와이 땅에 도착한 날, 기쁨을 나누기 위해 작은 현악기 '브라기냐'를 꺼내어 연주했어요.

처음 듣는 낯선 소리, 하와이 사람들은 처음 듣는 그 소리에 반해버렸답니다. 그래서 그들은 하와이 전통의 코아 나무로 직접 악기를 만들기 시작했어요. 그게 바로 우리가 사랑하는 '우쿨렐레'예요.

이름에 담긴 마법

우쿨렐레는 하와이 말로

우쿠(Uku) = 벼룩 / 렐레(Lele) = 뛰어오르다

작고 귀여운 이 악기에서 연주자의 손가락이 통통 튀는 모습이 벼룩처럼 보인다고 해서 이런 이름이 붙여졌어요. 그런데 이 이름에는 또 다른 따뜻한 뜻도 있어요.

우쿠(Uku) = 선물 / 렐레(Lele) = 오다

그래서 '나에게 온 선물'이라는 의미로도 우쿨렐레를 부른답니다.

자료 출처: Library of Congress
「The Ukulele: Portuguese Gift to Hawaii」

자료 출처: Hawai'i State Archives,
「하와이 우쿨렐레 연주자들의 전통적인 모습」
(ca. 1900, Public Domain)

우아한 우쿨렐레 상식 

우쿨렐레는 크기에 따라 음역대와 울림이 조금씩 달라집니다.

소프라니노	소프라노	슈퍼 소프라노	콘서트	슈퍼 콘서트	슈퍼 테너	테너
Sopranino	Soprano	Super Soprano	Concert	Super Concert	Super Tenor	Tenor

가장 작고 가볍고,
고음이 맑고 예뻐요.

소프라노보다 몸통이 살짝 크고,
손에 잘 맞으며
안정적인 소리를 내요.

몸통이 더 커서 음량이
풍부하고, 지판이 길어
음역대가 많아요.

🌿 우쿨렐레의 몸통 형태

① 오리지널형

기타처럼 생긴 클래식 모양,

소리가 맑고 경쾌해요.

② 파인애플형

둥글둥글한 파인애플 모양,

울림이 부드럽고 따뜻해요.

🌿 기타 우쿨렐레

종 류	특 징
벤조렐레 (Banjo-lele)	벤조와 우쿨렐레의 합성으로, 독특한 금속성 소리를 내며 퍼포먼스용으로도 좋아요.
기타렐레 (Guitar-lele)	기타와 우쿨렐레의 중간 크기로, 6현으로 구성되어 있으며, 작은 기타의 느낌으로 연주를 즐길 수 있어요.
베이스 우쿨렐레 (Bass Ukulele)	몸통(바디)이 다른 우쿨렐레 보다 크고, 깊은 저음을 내는 우쿨렐레예요. 굵은 고무줄 같은 현을 사용해 콘트라 베이스처럼 풍성한 베이스 사운드를 내요.

1 우쿨렐레 구조와 명칭

우쿨렐레는 사람의 몸처럼 머리(Head), 목(Neck), 몸통(Body) 세 부분으로 나뉩니다.

머리(Head: 헤드)	목(Neck: 넥)	몸통(Body: 바디)
줄을 조율하는 '페그'가 있어요.	손가락으로 줄을 누르는 구간이며, '지판'과 '프렛'이 있어요.	울림이 발생하는 부분으로, '사운드 홀', '브릿지', '새들'로 구성되어 있어요.

각 부분의 명칭과 역할

- **페그(Peg):** 줄을 감아올리거나 풀어서 음정을 맞추는 장치로 '줄감개' 또는 '헤드 머신'이라고도 부름
- **너트(Nut):** 줄이 고정되어 지나가는 부분으로 음정을 안정시켜주는 역할
- **지판(Finger Board: 핑거 보드):** 넥 앞쪽의 평평한 부분
- **프렛(Fret):** 지판 위에 일정 간격으로 박힌 금속 막대
- **포지션 마크(Position Mark):** 지판 위 특정 위치에 표시된 작은 점이나 무늬
- **사운드 홀(Sound Hole):** 소리가 퍼져 나오는 울림 구멍
- **새들(Saddle):** 줄의 높이를 결정하고 음을 안정시키는 부품
- **브릿지(Bridge):** 줄을 고정시키고 울림을 몸통에 전달하는 역할

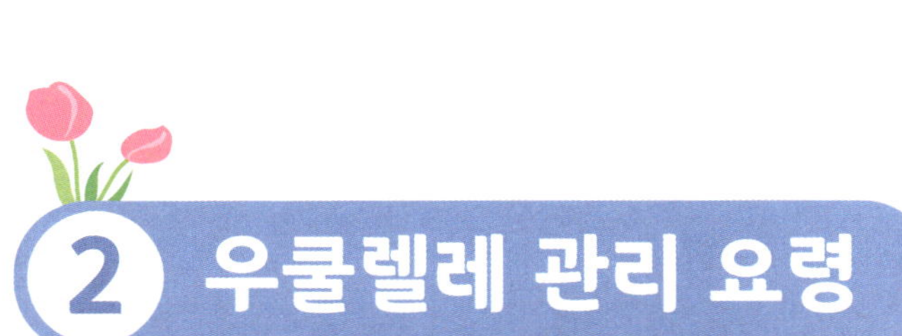

② 우쿨렐레 관리 요령

하나. 습기와 온도에 주의하기

너무 습하거나 건조하면 나무가 갈라져요.

둘. 차에 보관 금지!

여름, 겨울에 특히 위험!
트렁크는 절대 금지!

넷. 가방에 보관 하기

사용하지 않을 때는
케이스(가방)에 넣어 두기

셋. 사용 후에는 닦아 주기

3 손가락 번호와 손가락 기호

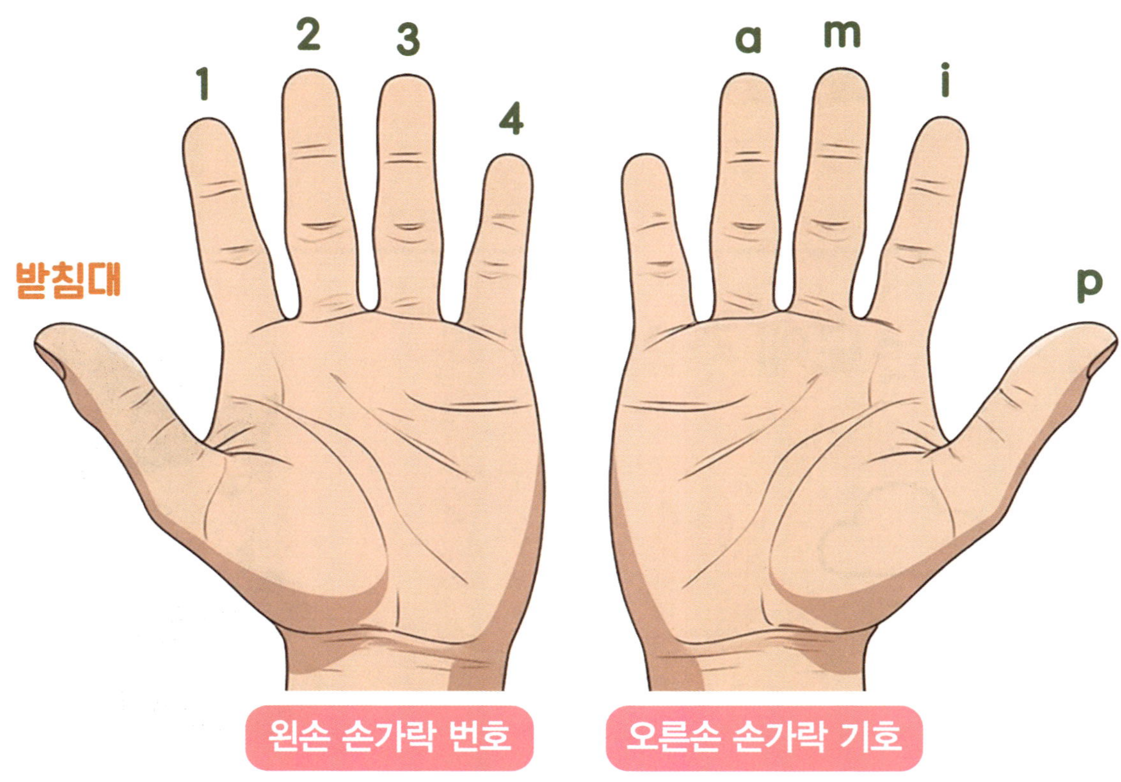

왼손 엄지는 받침대!

왼손 엄지손가락은 줄을 누르지 않지만, 다른 손가락이 안정되게 누를 수 있도록 목(지판) 뒤에서 손을 받쳐주는 역할을 해요. 줄을 누르는 손가락이 흔들리지 않도록 튼튼한 받침이 되어주는 거예요.

우아한 우쿨렐레 상식

우쿨렐레를 안았을 때, 내 얼굴 아래 가장 가까운 줄이 4번 줄이에요.

줄 번호는 위에서 아래로 4번, 3번, 2번, 1번입니다.

《악기를 안고 정면에서 바라보는 모습》

《악기를 안고 내려다 보는 모습》

줄 번호와 계이름

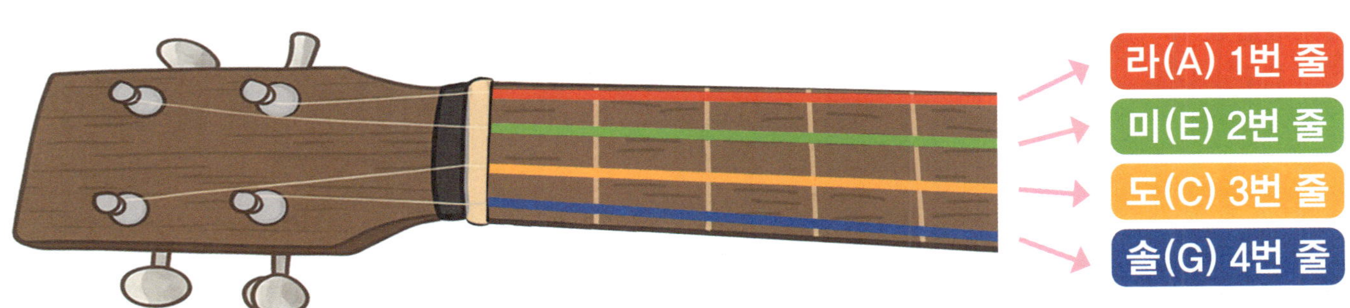

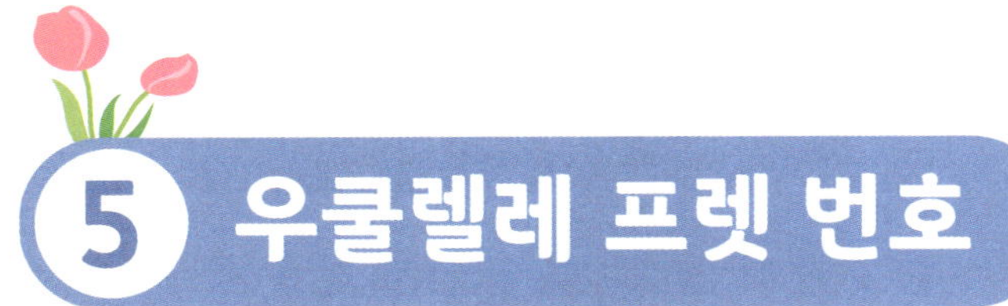

5 우쿨렐레 프렛 번호

'프렛(Fret)'이란 우쿨렐레 지판(목) 위에 일정 간격으로 박혀 있는 얇은 금속 막대를 말합니다. 연주에서는 이 금속 막대들의 사이에 생긴 공간(칸)을 기준으로 1프렛, 2프렛 번호를 매깁니다. 즉, 실제 '프렛'은 금속 막대이지만, 우쿨렐레를 배울 때는 그 칸을 편의상 '프렛'이라고 부릅니다.

사진 속 우쿨렐레 지판에 □을 확인해 보세요.

6 포지션 마크

우쿨렐레 지판 위에 있는 작은 점 표시로, 이 점은 몇 번째 프렛(칸)인지 쉽게 알아보도록 도와주는 표시입니다.

포지션 마크는 어디에 있을까?

- ✓ 5프렛
- ✓ 7프렛
- ✓ 10프렛
- ✓ 12프렛(때로는 점이 2개)

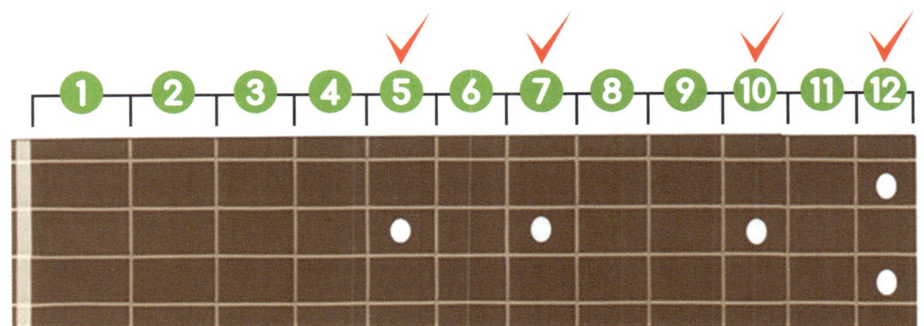

우아한 우쿨렐레 상식

셋 — 나는 연주자, 기본자세

① 연주가 편한 자세

1. 스트랩 길이를 몸에 맞게 조절합니다.
   (앉았을 때 우쿨렐레가 허벅지에 닿을 듯한
    높이가 적당)
2. 우쿨렐레를 몸에 안정적으로 댑니다.
   (눕히지 않기)
3. 팔은 우쿨렐레 몸통 위에 고정합니다.

 **처음엔 편해 보여도, 올바른 연주를 위해서는 피해야 할 자세에요.**

사운드 홀 쪽으로 연주하려고
팔을 짧게 대고 어깨가 빠진 자세

스트로크의 움직임이 제한적이고
자세가 예쁘지 않아요.

우쿨렐레를 팔로 감싸서 안는 자세

우쿨렐레에 너무 밀착되어서
소리가 예쁘지 않아요.

꼭! 기억해요

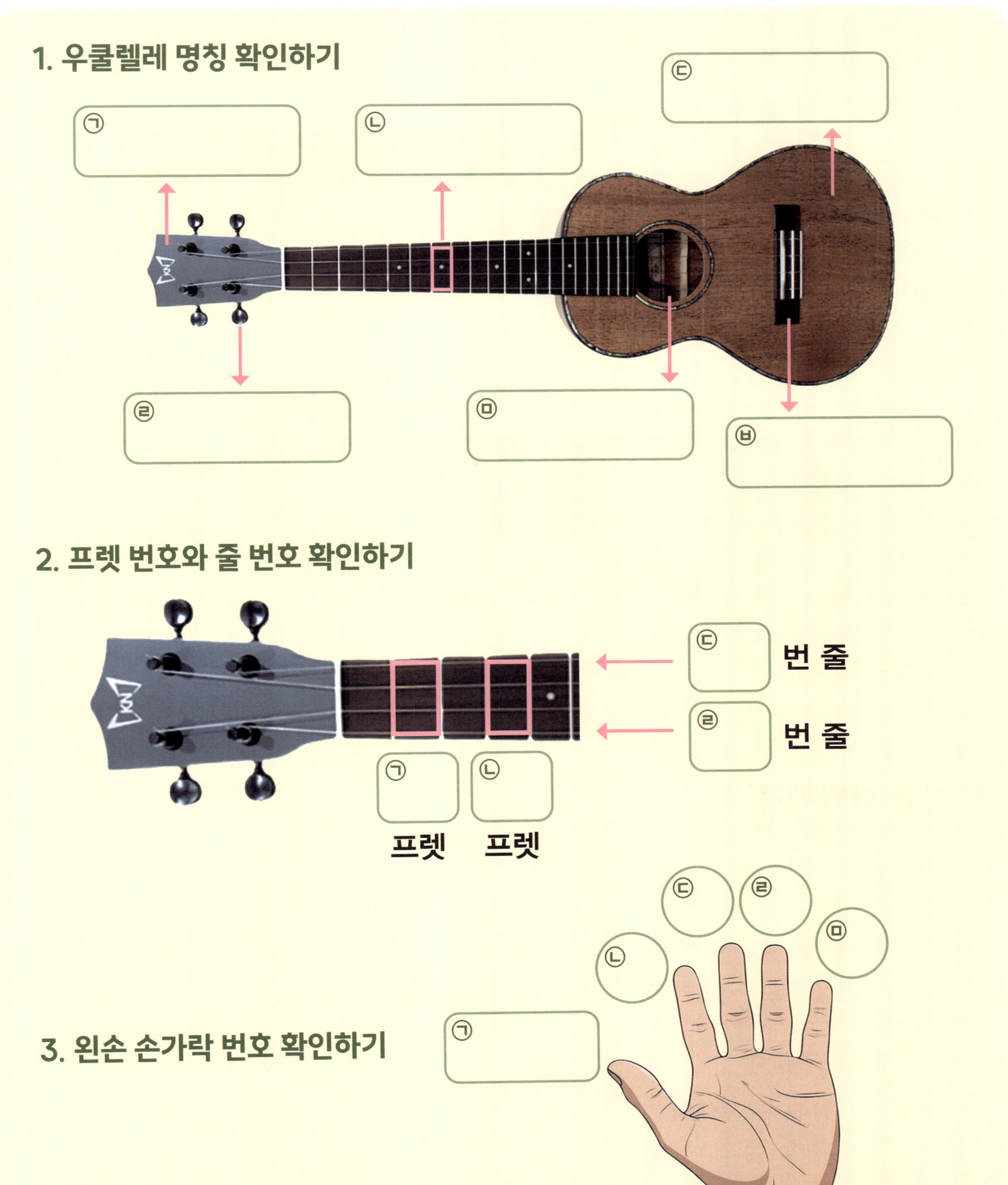

정답:
1. ㉠ 헤드(머리) ㉡ 프렛 ㉢ 바디 ㉣ 페그 ㉤ 사운드 홀 ㉥ 브릿지
2. ㉠ 2프렛 ㉡ 4프렛 ㉢ 1번 줄 ㉣ 4번 줄
3. ㉠ 받침대 ㉡ 1 ㉢ 2 ㉣ 3 ㉤ 4

우쿨렐레의 각 줄은 **정해진 자기만의 소리(음)**가 있어요. 줄이 내야 할 정확한 소리의 높이에 맞추는 과정을 '튜닝(Tuning)'이라고 해요.

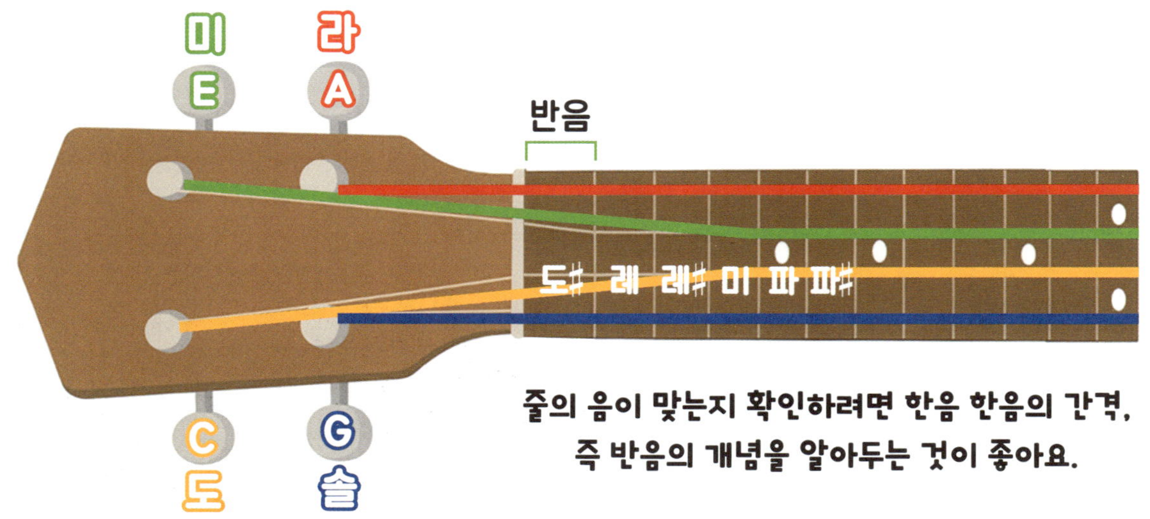

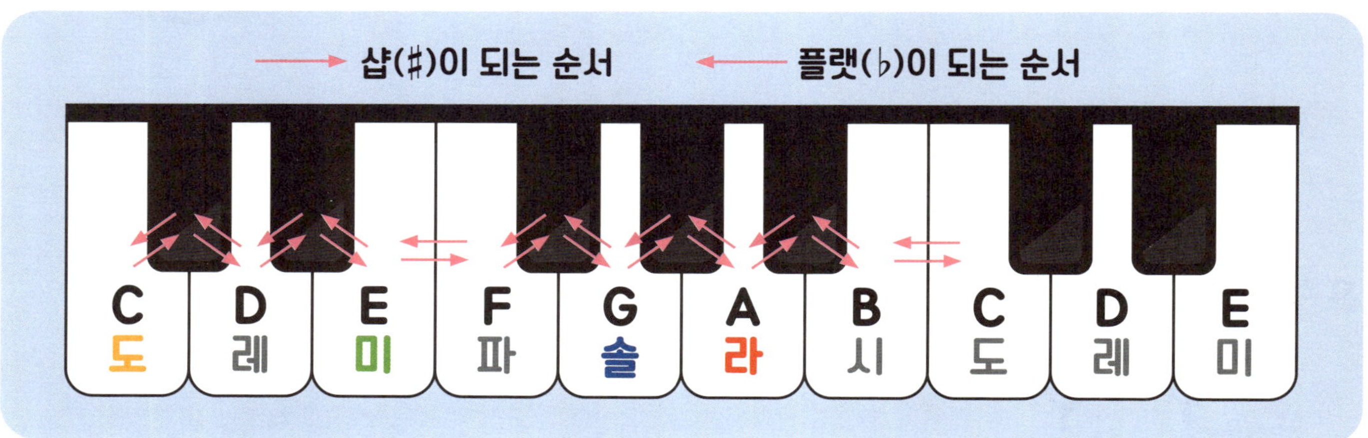

🌿 반음 이해하기

모든 음은 반음 간격으로 연결되어 있어요.

> 반음의 순서: (상행) 도 → 도♯ → 레 → 레♯ → 미 → 파 → 파♯ → 솔 → 솔♯ → 라 → 라♯ → 시 → 도
> (하행) 도 → 시 → 시♭ → 라 → 라♭ → 솔 → 솔♭ → 파 → 미 → 미♭ → 레 → 레♭ → 도

여기서 사용하는 기호는?

♯(샵): 바로 위 음(예: 도 → 도♯)

♭(플랫): 바로 아래 음(예: 레 → 레♭)

미 ↔ 파, 시 ↔ 도 사이에는 반음 간격이라 중간에 ♯, ♭이 없어요.

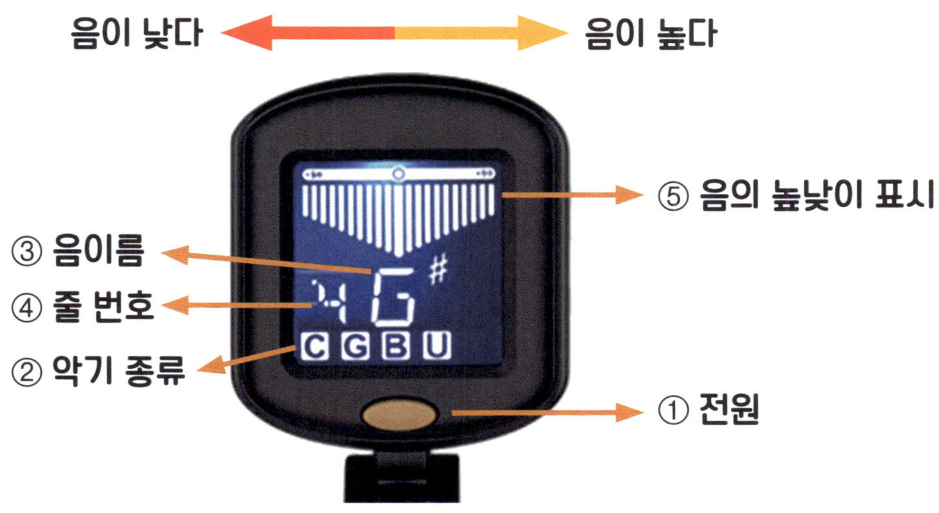

튜닝 방법

1. 튜너를 헤드에 끼우기

2. 튜너 전원(①)을 눌러서 켜기

3. ①을 살짝 누르면서 악기 종류(②)를 바꿔 'U'(우쿨렐레)로 맞추기

4. 튜닝할 줄을 오른손 엄지로 살짝 팅기면서 화면 보기

5. 화면을 보고 음(③)이 맞는지 확인

- 정확한 음이면 음의 높낮이 표시(⑤)에 초록색 불이 켜지거나 가운데 화살표가 표시된다.
- 음이 낮으면 바늘이 왼쪽으로 움직이며, 페그(줄감개)를 왼쪽(시계 반대 방향)으로 감아 줄을 조인다.
- 음이 높으면 바늘이 오른쪽으로 움직이며, 페그를 오른쪽(시계 방향)으로 돌려 줄을 조금 풀어준다.

☆ 화면 + 귀! 둘 다 확인하세요.(화면만 믿지 말고 소리도 들어보는 게 중요해요!)

우아한 우쿨렐레 상식

3 스트로크

스트로크(Stroke)란? 우쿨렐레의 줄을 손으로 튕겨서 소리를 내는 주법입니다.

단순히 음을 내는 것을 넘어, 이 소리들로 리듬을 만들어내는 중요한 연주 방식입니다. 연주할 때는

어깨는 고정하고, 손목과 손가락만 가볍게 움직여야 소리가 예쁘게 납니다.

 ## 검지 스트로크 배우기

 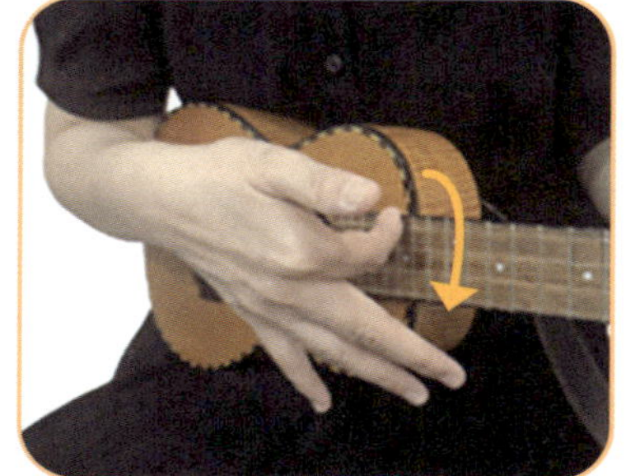 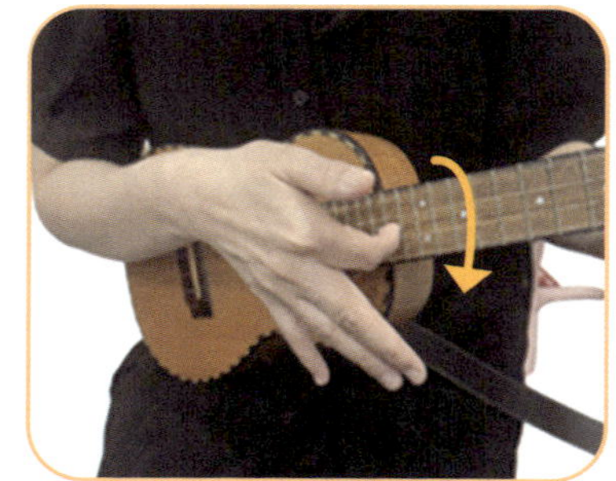 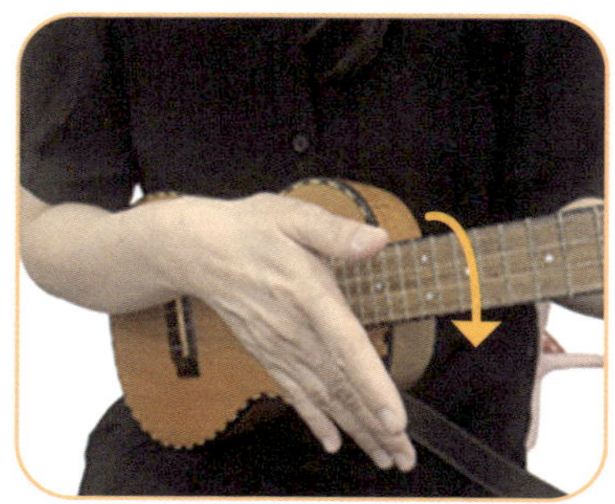

검지 손가락으로 줄을 아래로 쓸듯이 스트로크 해보세요.

이때 중요한 포인트는?

내려갈 때: 검지 손가락이 펴지면서 줄을 살짝 쓸듯이 지나가요.

올라올 때: 검지가 자연스럽게 다시 접혀요.

스트로크 하는 데, 손가락이 아파요.

검지 손가락의 **손톱 바디(넓은 면)**로 줄을 치는 것이 좋아요.

살이 닿으면 아프고 소리도 둔해지기 때문에, 손톱 바디로 부드럽게 쓸듯이 쳐보세요.

4 코드표 보는 법

《코드표》

코드표를 볼 때는 이 순서로 읽습니다.

손가락 번호 → 프렛(칸) 번호 → 줄 번호

코드 잡는 법

바르게 잡기		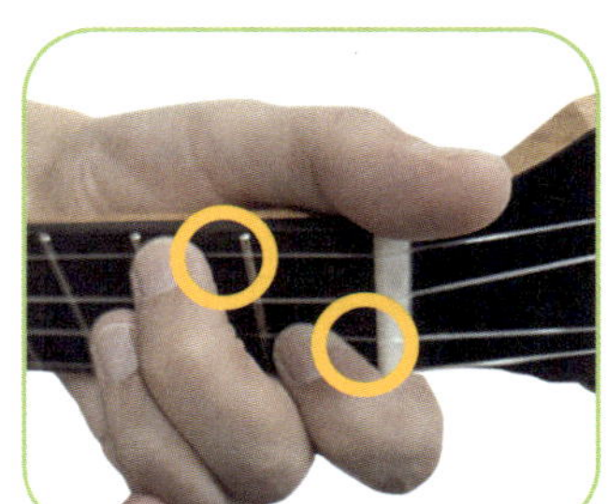	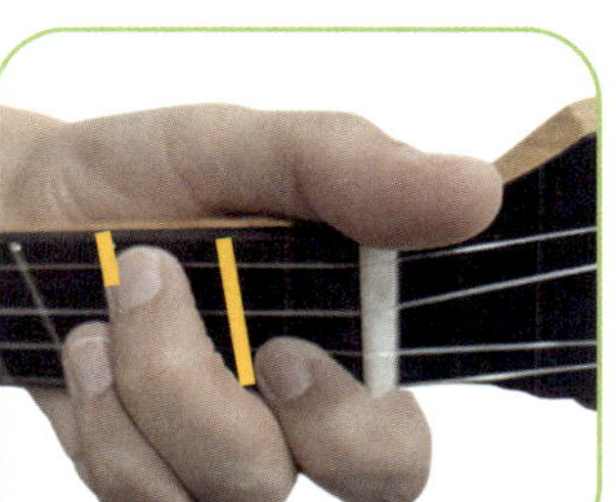
	손가락을 세움	줄 위를 정확히 누름	프렛에 가깝게 누름

잘못된 예	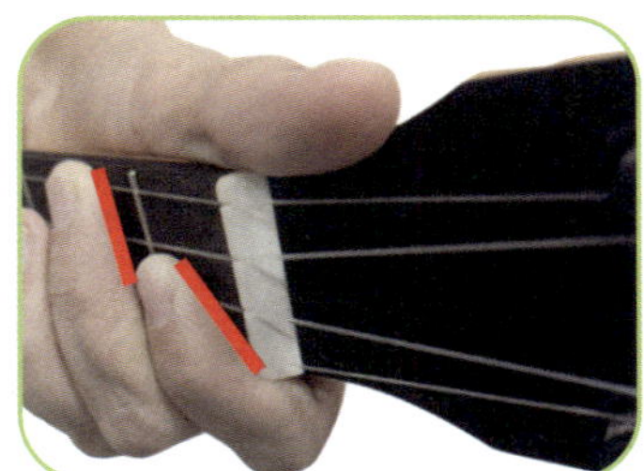	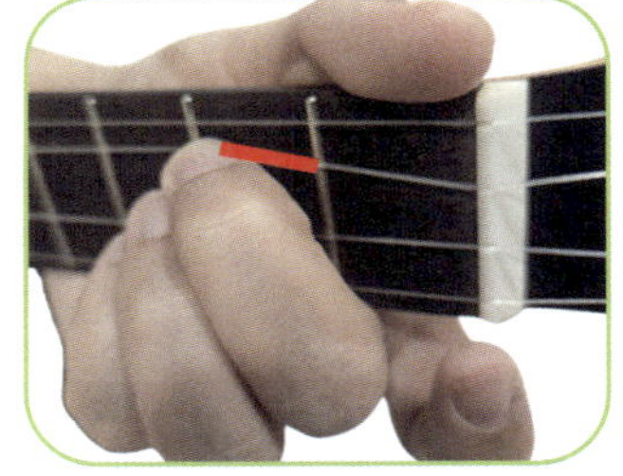	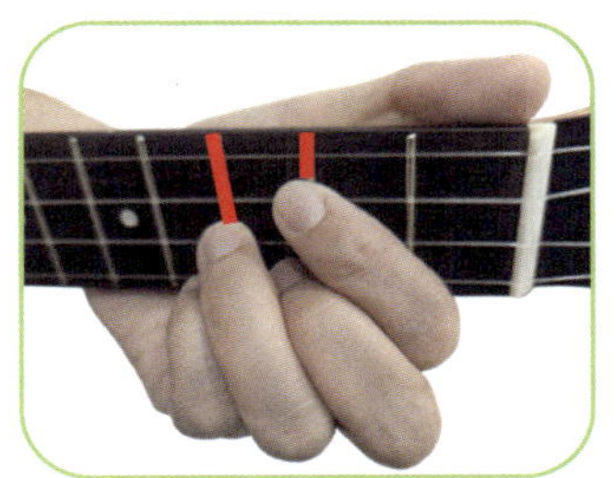
	손가락을 눕힘	줄을 밀어올림	프렛 위를 누름

C(씨) 코드 잡아보기

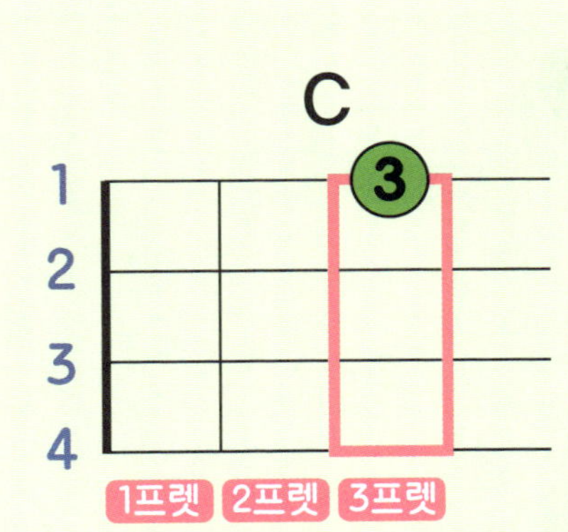

C

① 3번 **손가락**으로

② 3번 **프렛**(칸)의

③ 1번 **줄**을 누르세요.

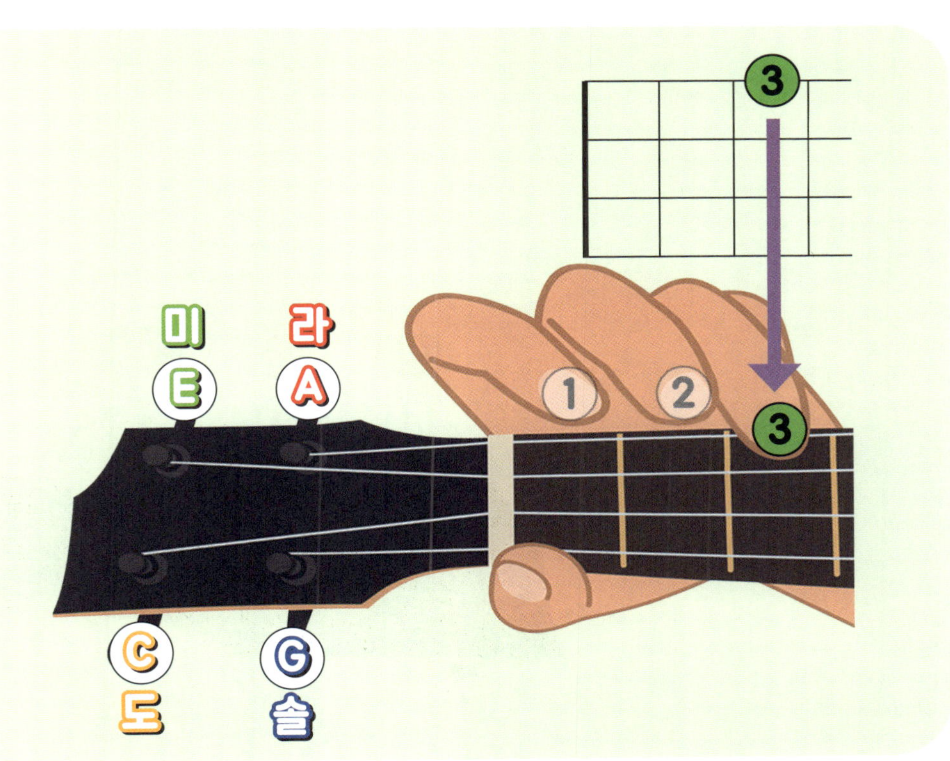

Lesson 1 ▶ 4비트(Beat) 리듬

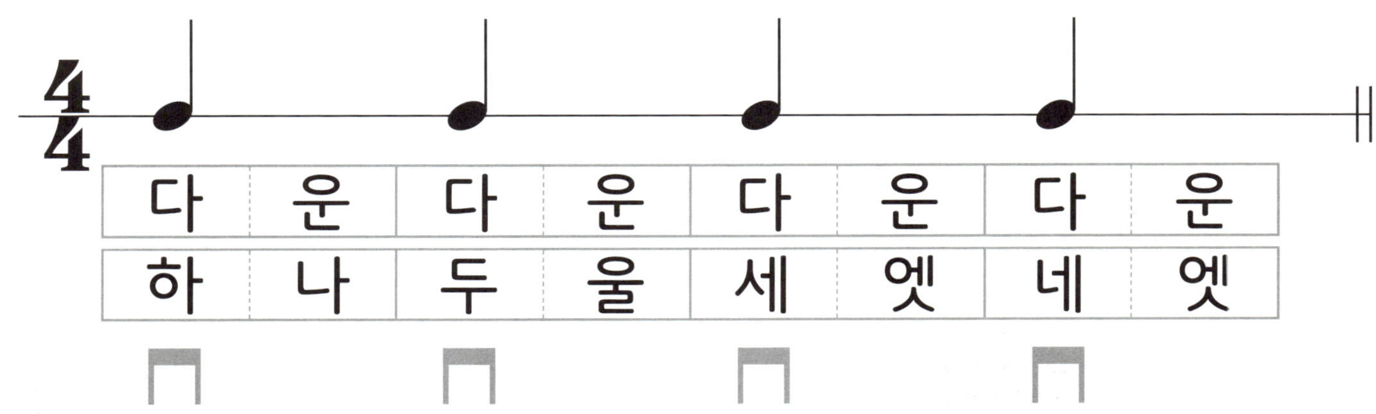

🌿 C(씨) 코드 배우기

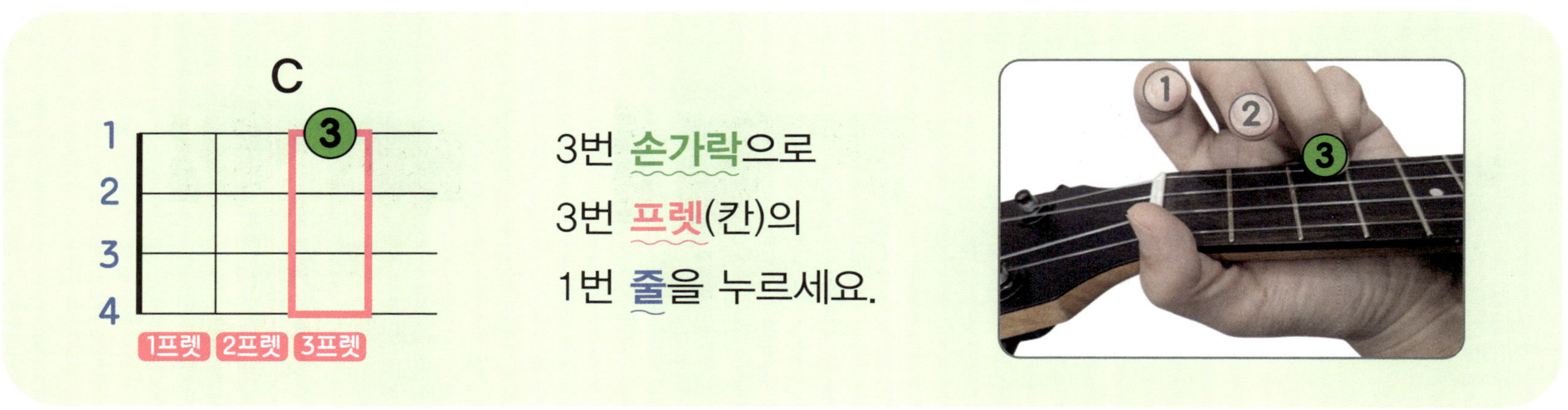

🌿 코드를 잡고 그림과 나의 손모양이 같은 지 확인해보세요.

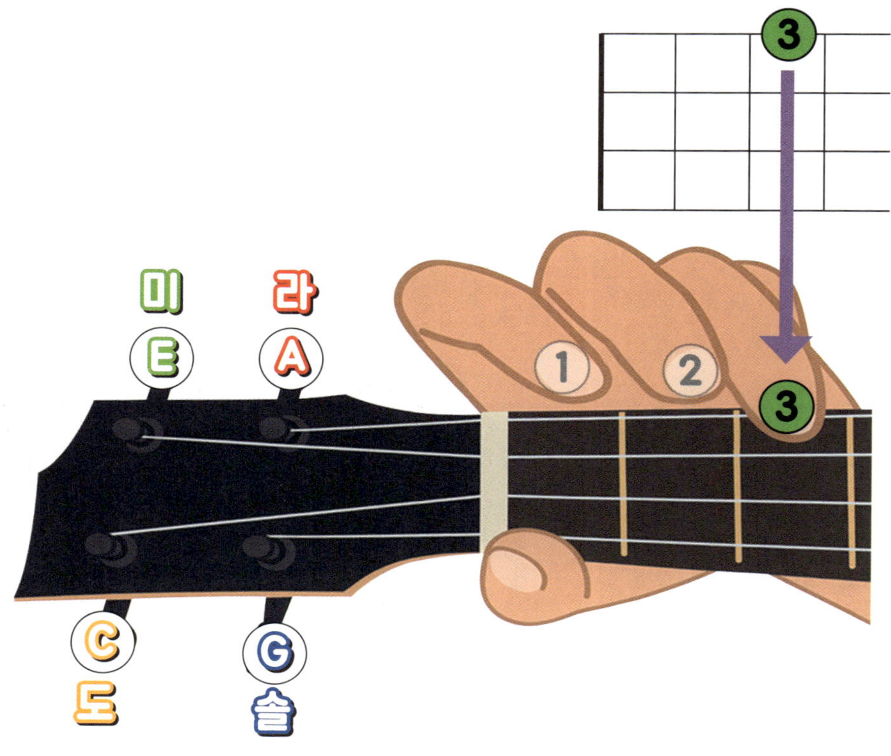

C   C   C

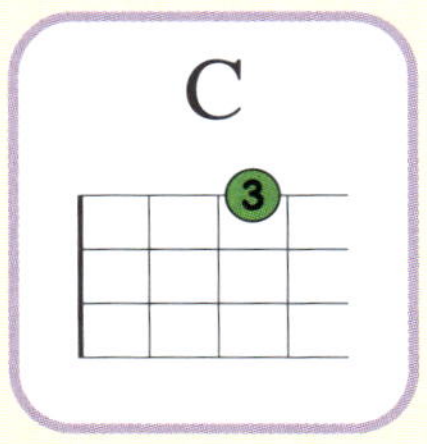

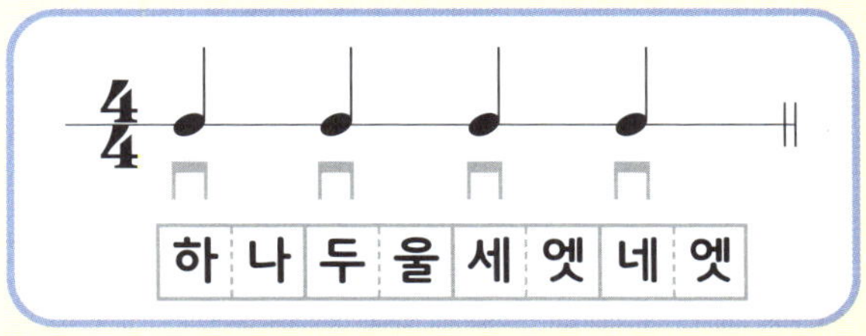

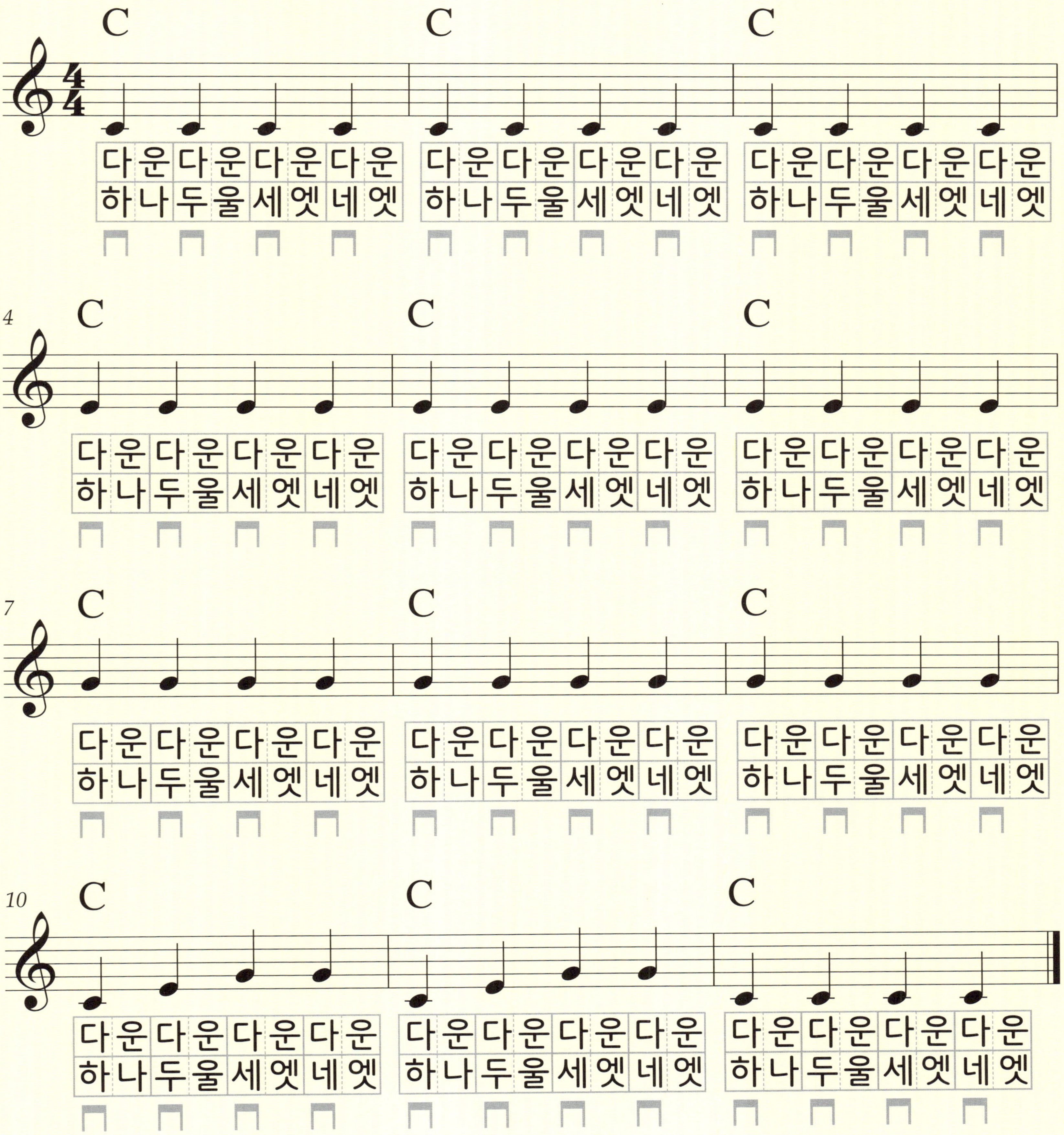

4 C   C   C

7 C   C   C

10 C   C   C

알로하 송

김규아 작사 / 이수현 작곡

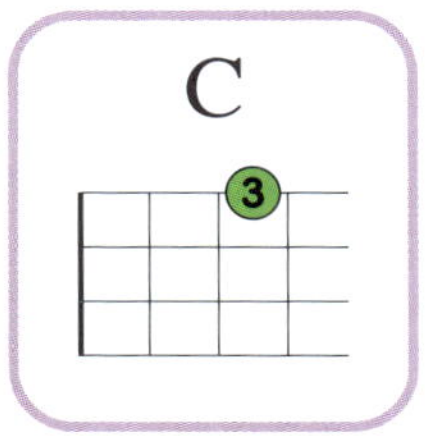

C

4/4

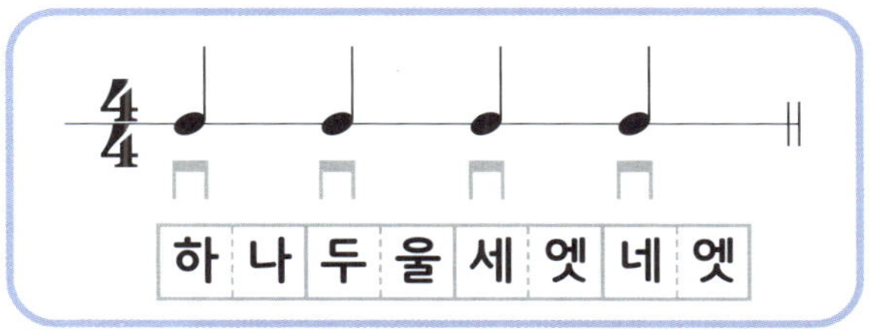

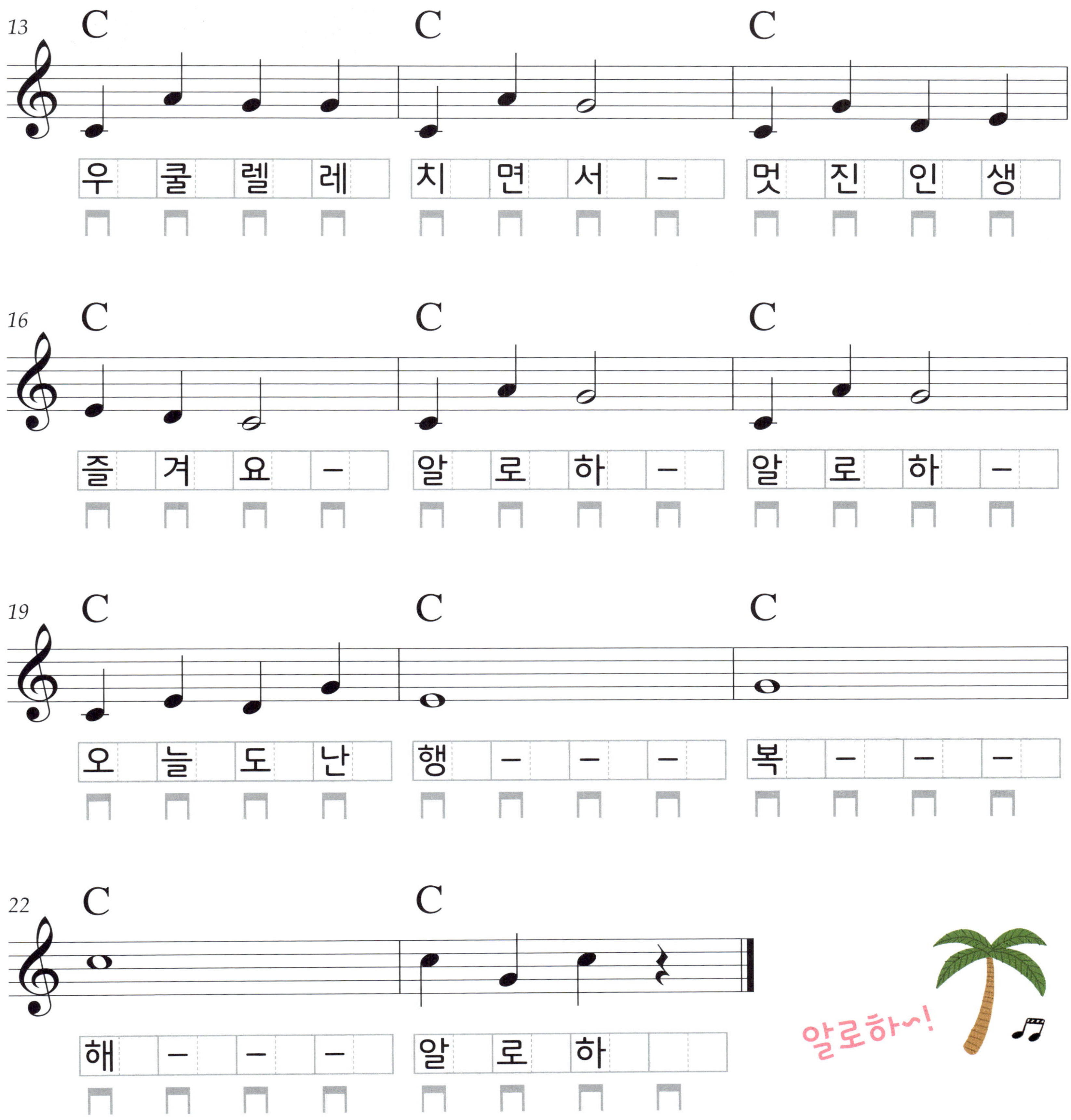

13 C · · C · · C

우 쿨 렐 레 | 치 면 서 – | 멋 진 인 생

16 C · · C · · C

즐 겨 요 – | 알 로 하 – | 알 로 하 –

19 C · · C · · C

오 늘 도 난 | 행 – – – | 복 – – –

22 C · · C

해 – – – | 알 로 하

 # Am (에이마이너) 코드 배우기

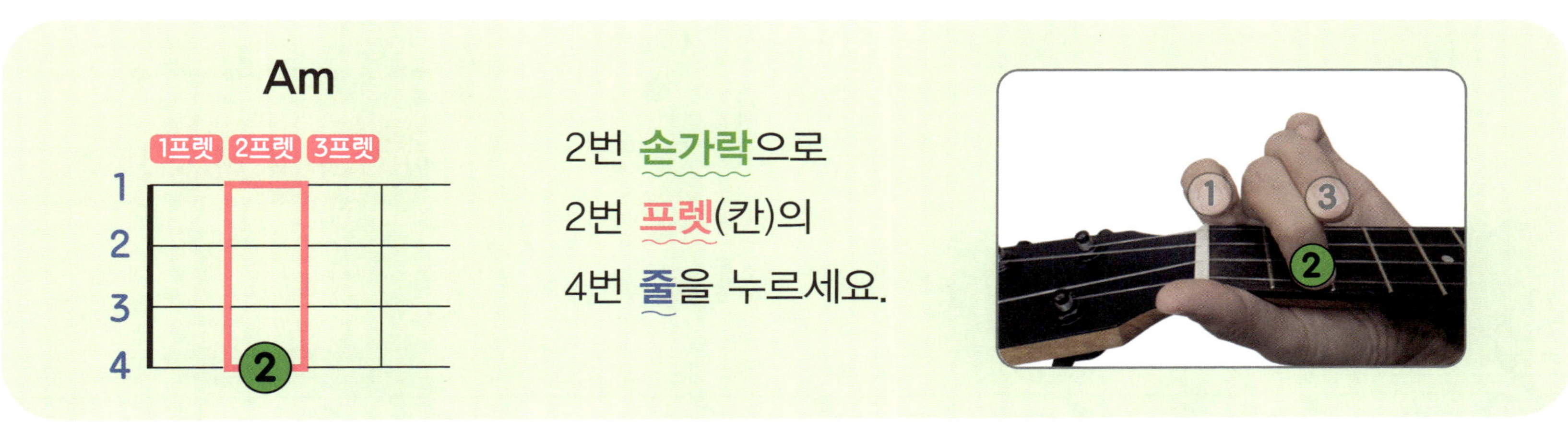

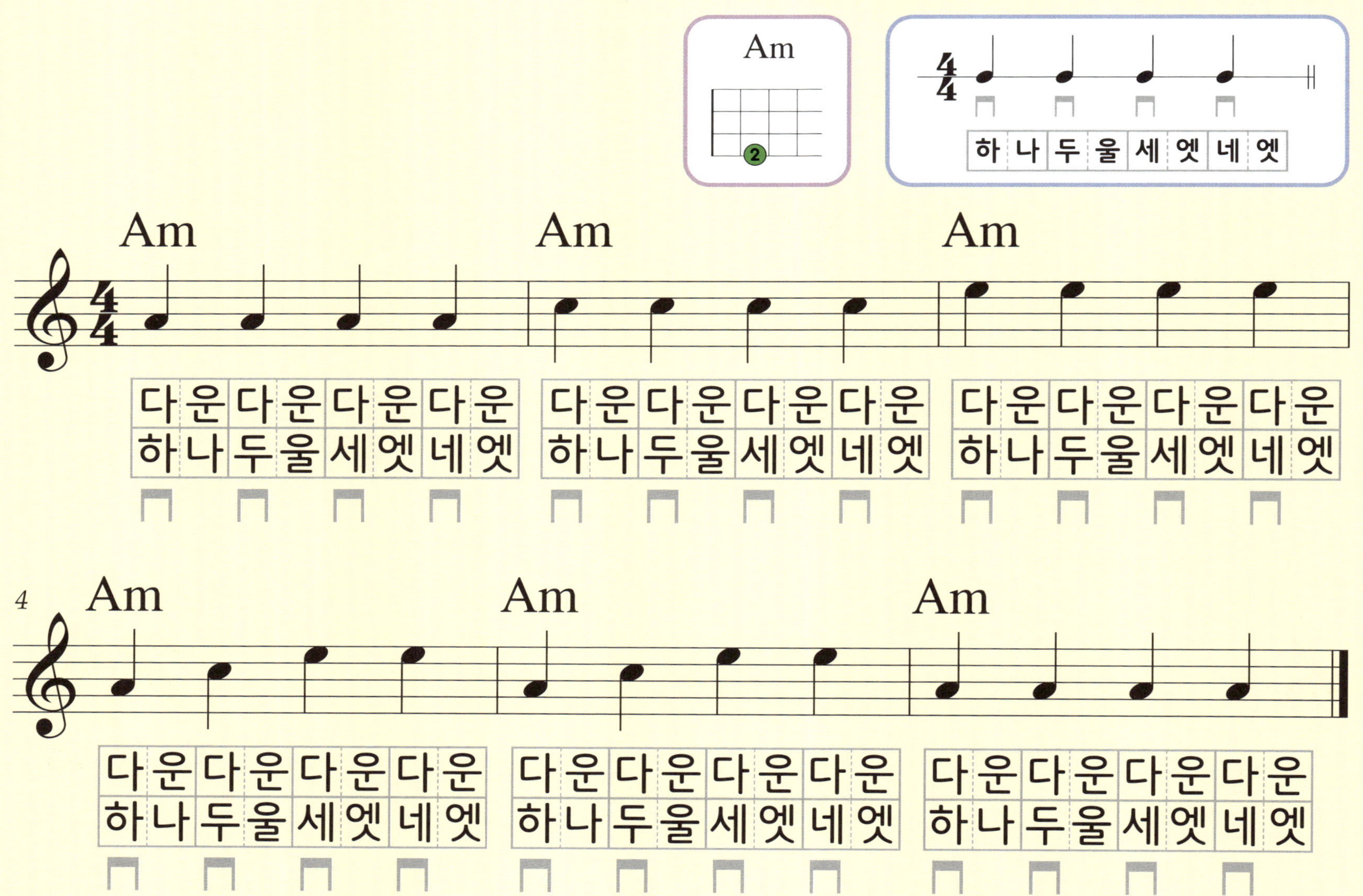

잠자리 꽁꽁

작자 미상

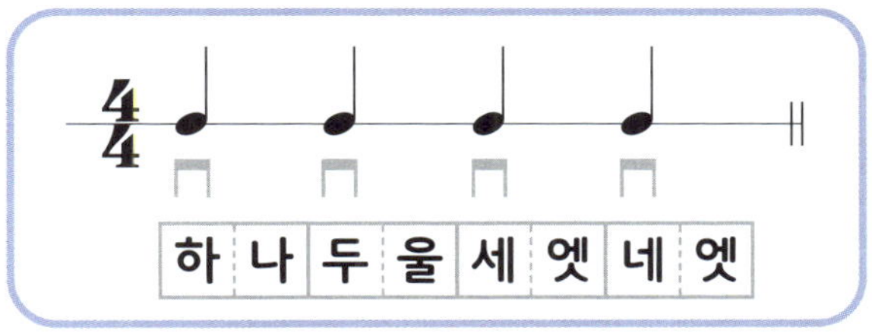

Am
4/4
하 나 두 울 세 엣 네 엣
Am
잠 자 - 리 꽁 -꽁   꼼 자 - 리 꽁 -꽁
이 리와 라 꽁 -꽁   저 리가 라 꽁 -꽁
잠 자 - 리 꽁 -꽁   꼼 자 - 리 꽁 -꽁
이 리오 면 살 -고   저 리가 면 죽 는다

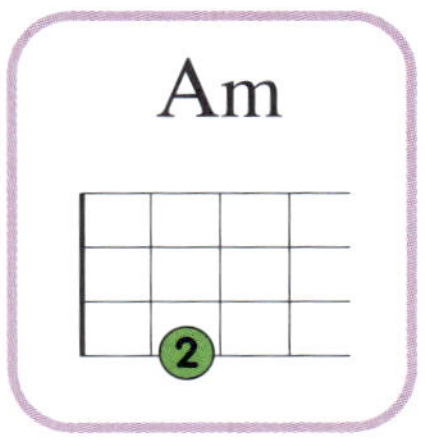

연습
Am → C 코드 이동

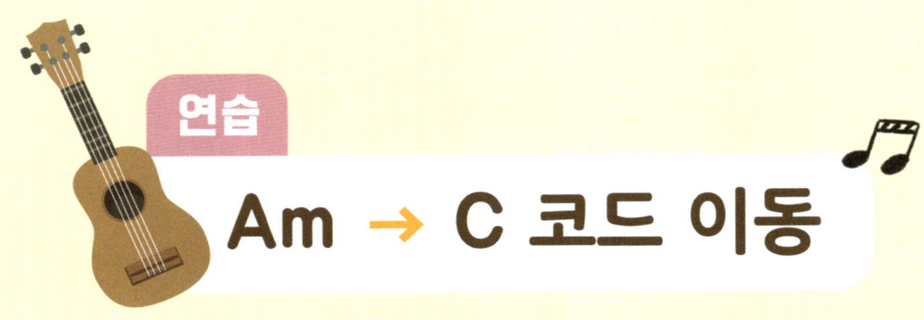

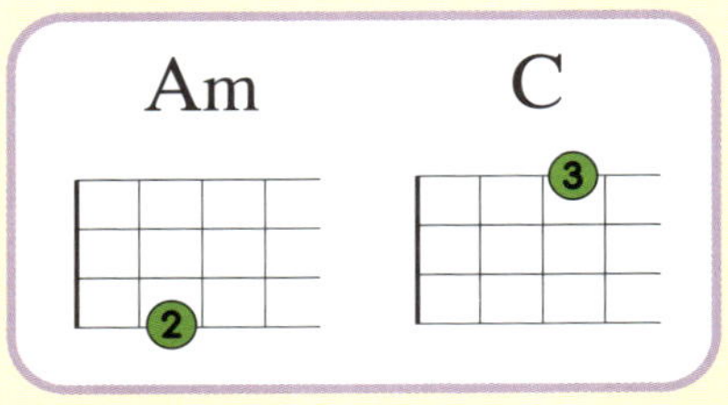

Am   C
하 나 두 울 세 엣 네 엣 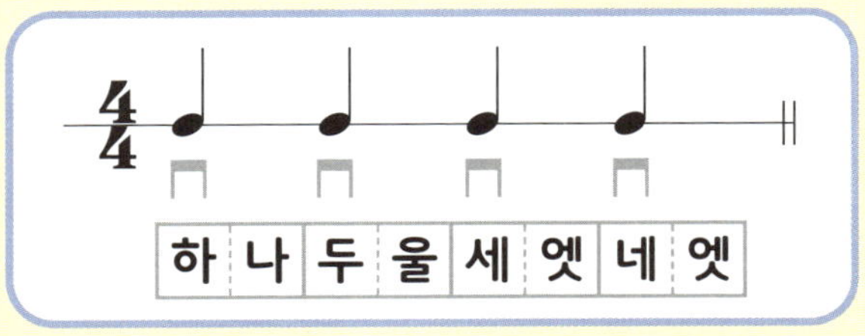

Am   Am   Am
다운 다운 다운 다운   다운 다운 다운 다운   다운 다운 다운 다운
하나 두울 세엣 네엣   하나 두울 세엣 네엣   하나 두울 세엣 네엣

C   C   C
다운 다운 다운 다운   다운 다운 다운 다운   다운 다운 다운 다운
하나 두울 세엣 네엣   하나 두울 세엣 네엣   하나 두울 세엣 네엣

Am   Am   C
다운 다운 다운 다운   다운 다운 다운 다운   다운 다운 다운 다운
하나 두울 세엣 네엣   하나 두울 세엣 네엣   하나 두울 세엣 네엣

C   Am   C   C   Am
다운 다운 다운 다운   다운 다운 다운 다운   다운 다운 다운 다운
하나 두울 세엣 네엣   하나 두울 세엣 네엣   하나 두울 세엣 네엣

꼬마야 꼬마야

작자 미상

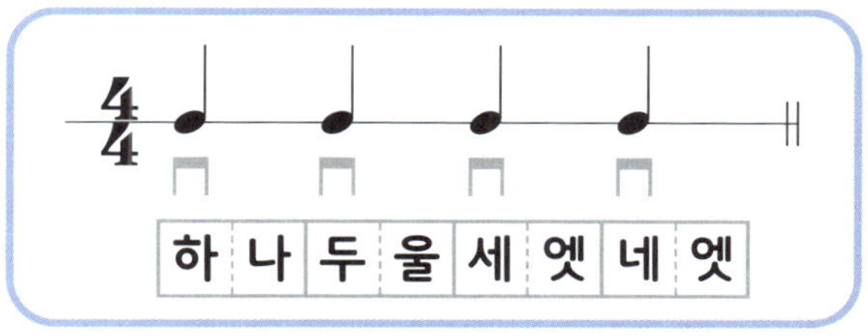

Am
C
하 나 두 울 세 엣 네 엣

Am   C   Am   C   Am   C
꼬 마 야 – 꼬 마 야 – 뒤 – 로 – 돌 아 라 – 꼬 마 야 – 꼬 마 야 –

Am   C   Am   C   Am   C
한 – 발 을 들 어 라 – 꼬 마 야 – 꼬 마 야 – 땅 – 을 – 짚 어 라 –

Am   C   Am   C   Am   C
꼬 마 야 – 꼬 마 야 – 손 – 뼉 을 쳐 – 라 – 꼬 마 야 – 꼬 마 야 –

Am   C   Am   C   Am   C   Am
만 – 세 를 불 러 라 – 꼬 마 야 – 꼬 마 야 – 잘 – 가 거 라 – – – –

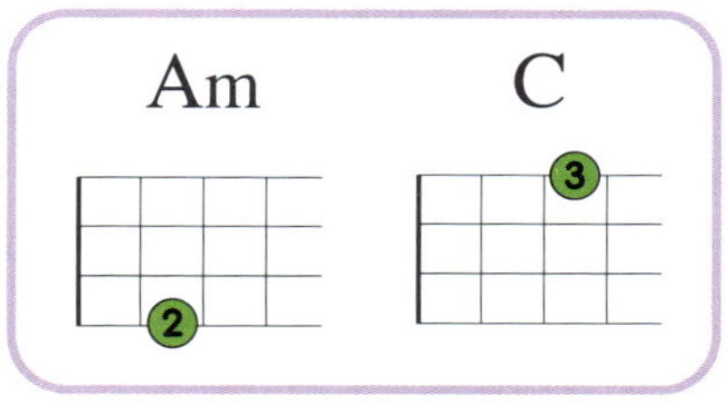

F (에프) 코드 배우기

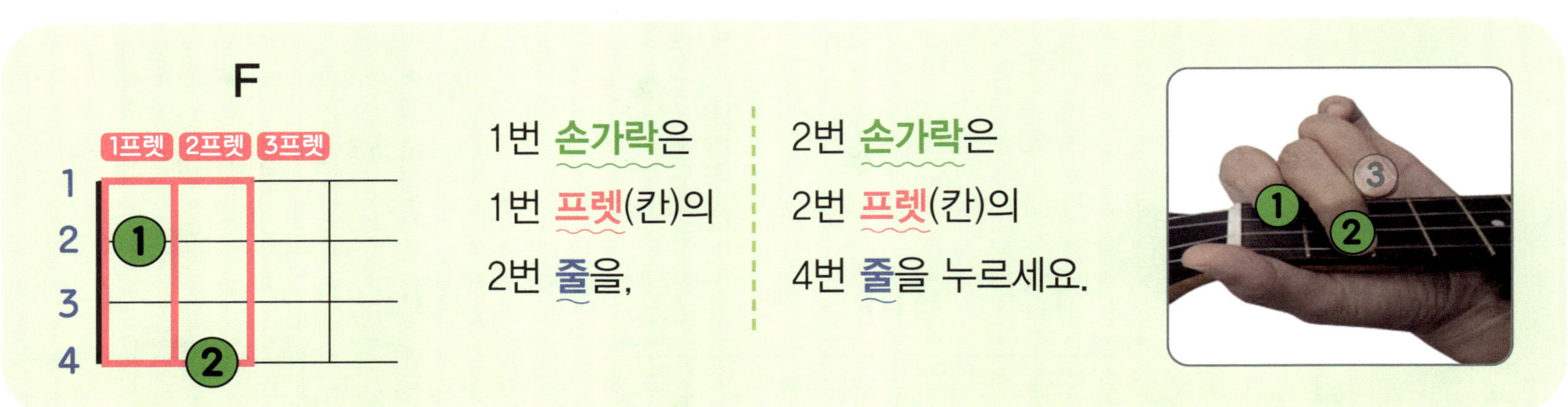

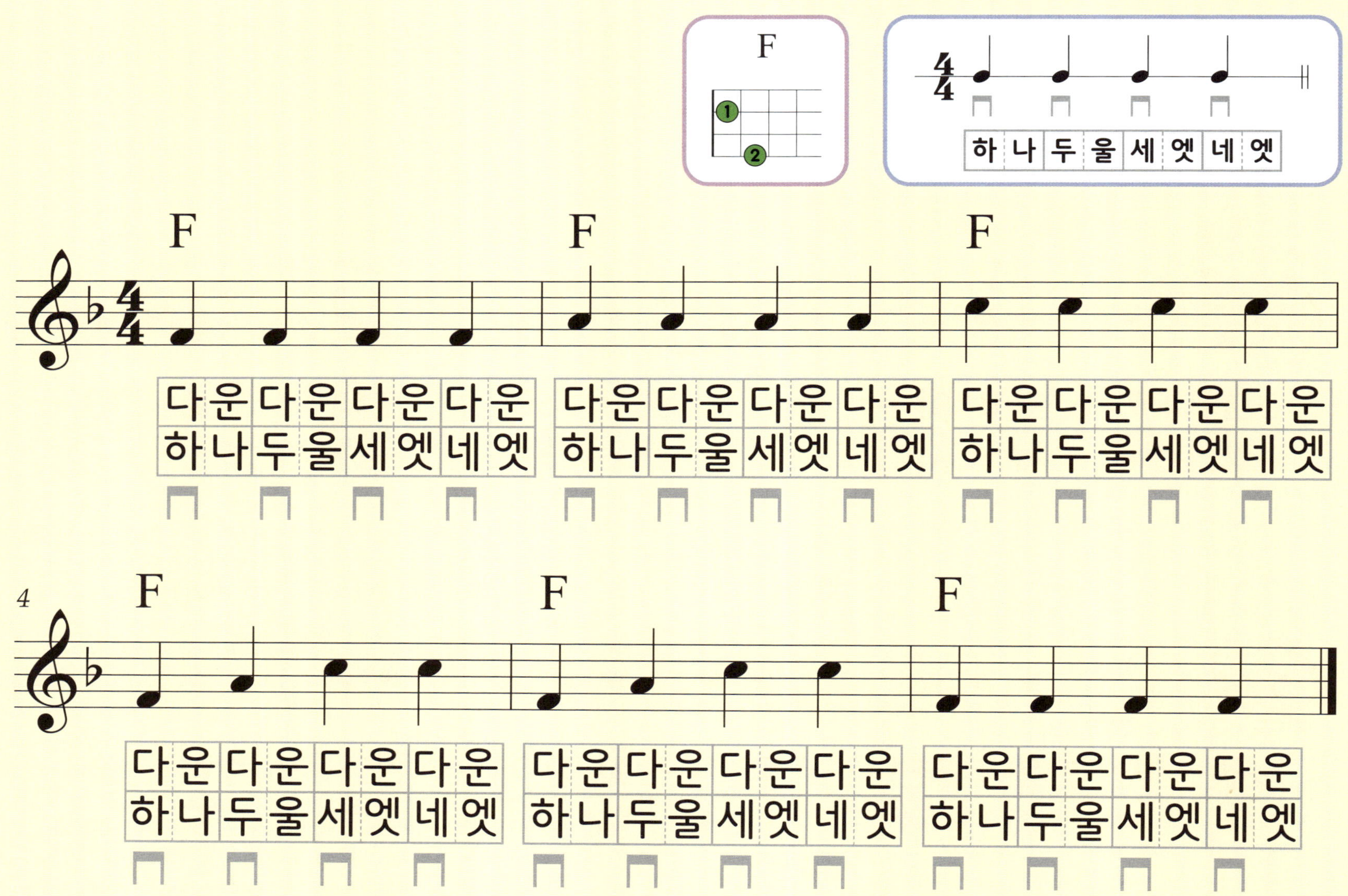

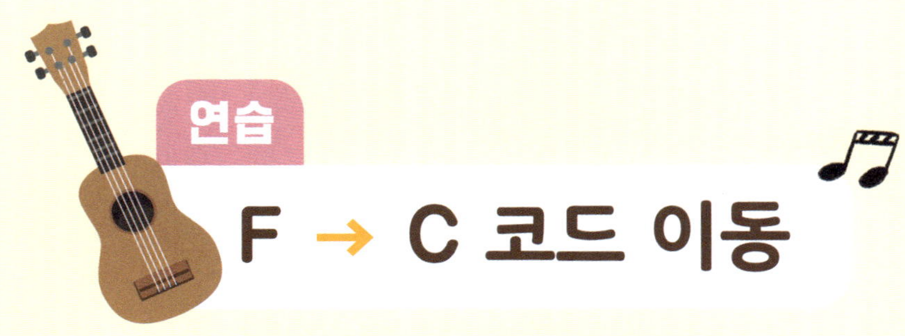

F

F

F

C

C

C

F

F

C

C

F   C

C   F

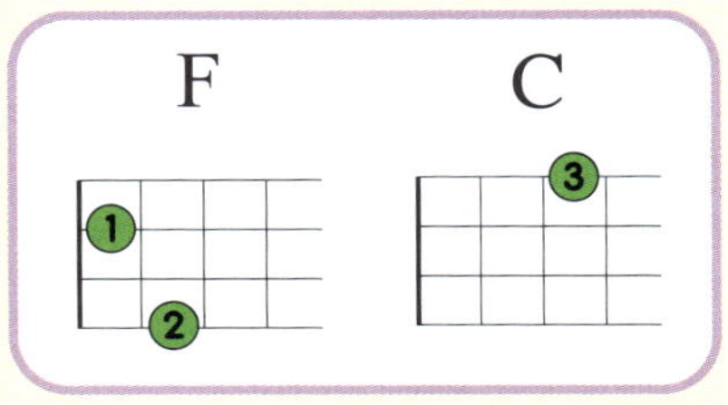

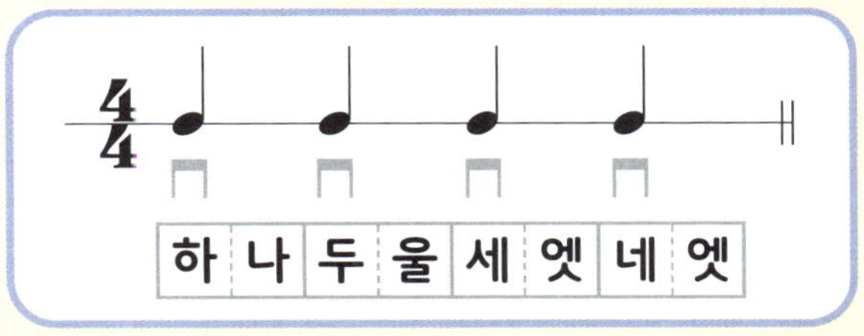

비행기

윤석중 작사 / 외국 곡

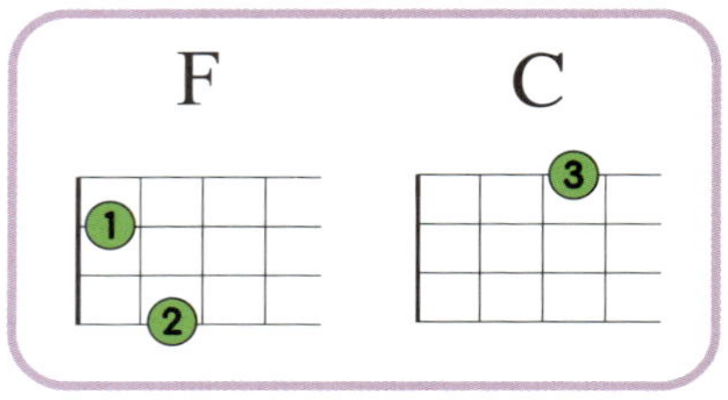

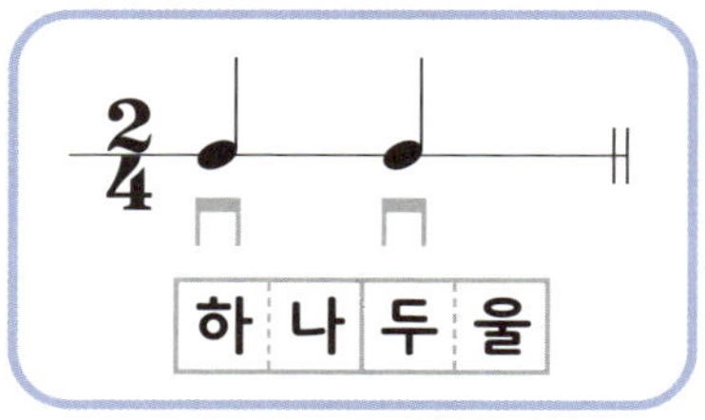

2박자 ver.

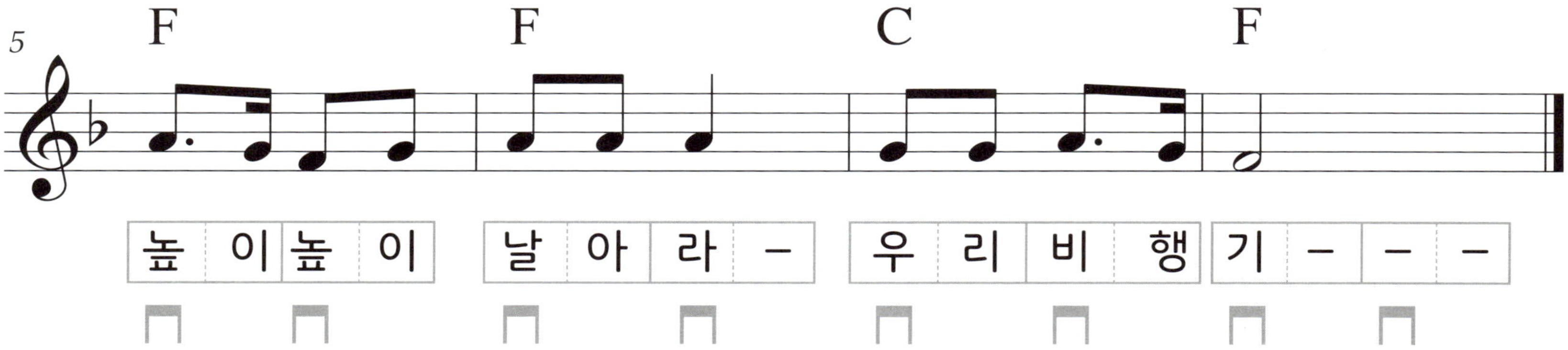

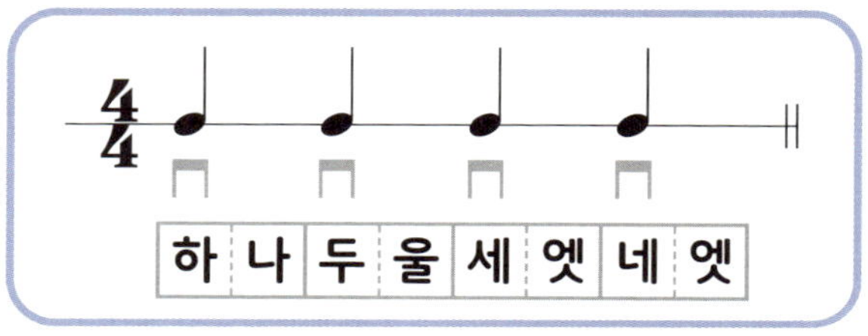

4박자 ver.

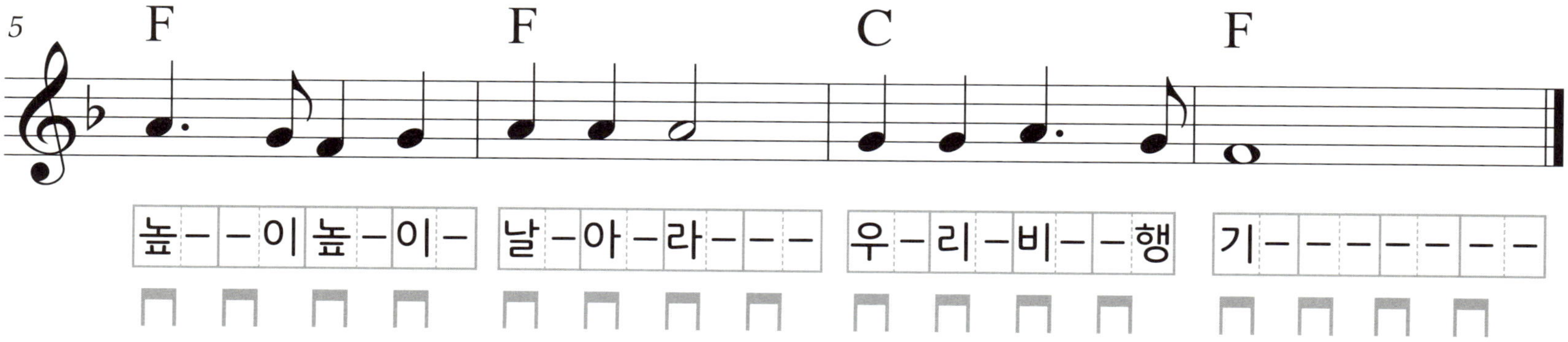

시계

작사 미상 / 나운영 작곡

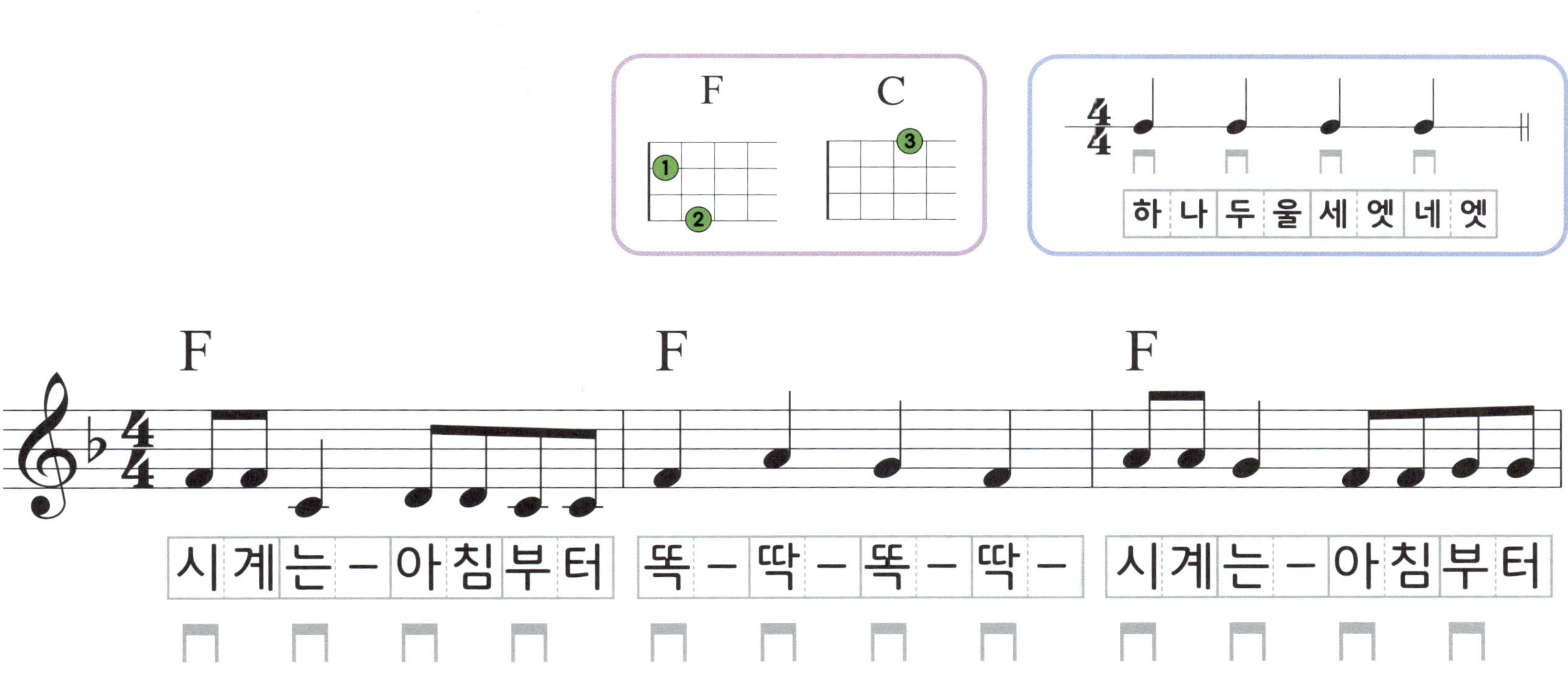

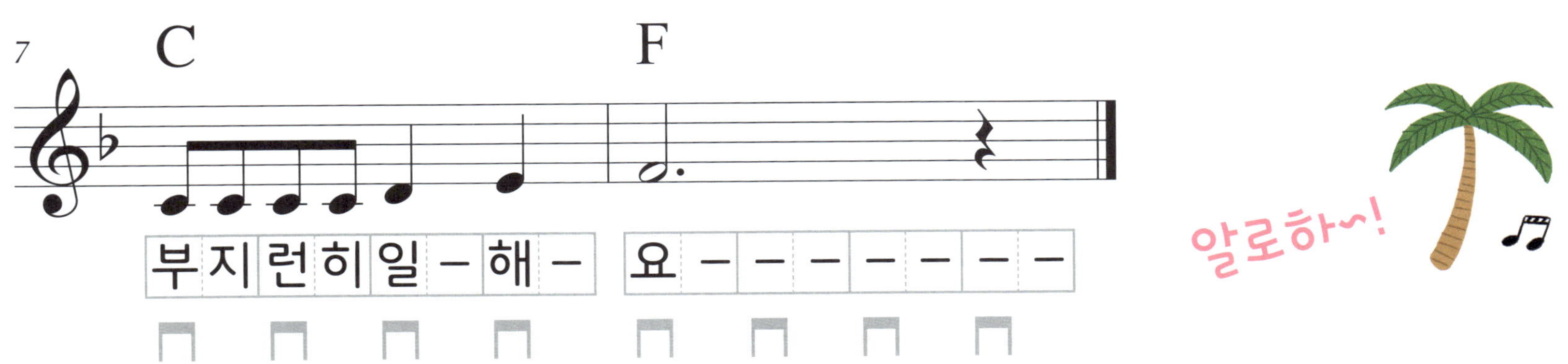

C7(씨세븐) 코드 배우기

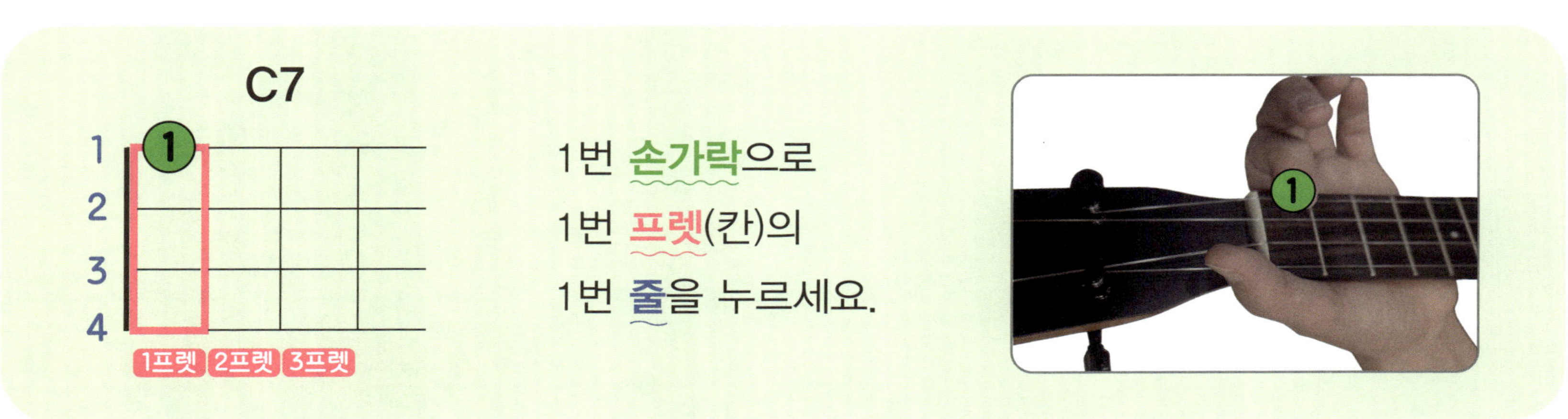

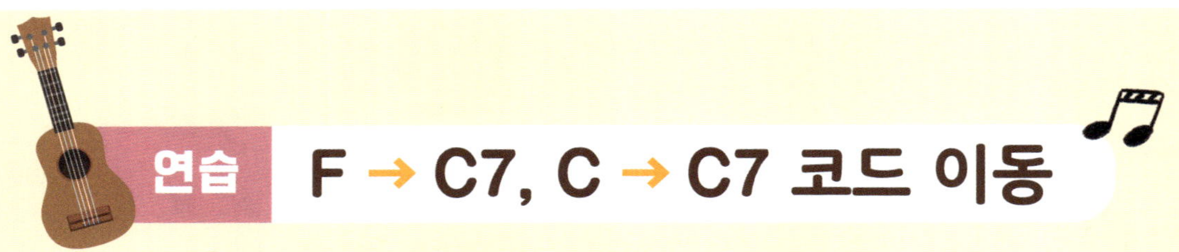

F

C7

F

C

F　　　　C　　　C7　　　F

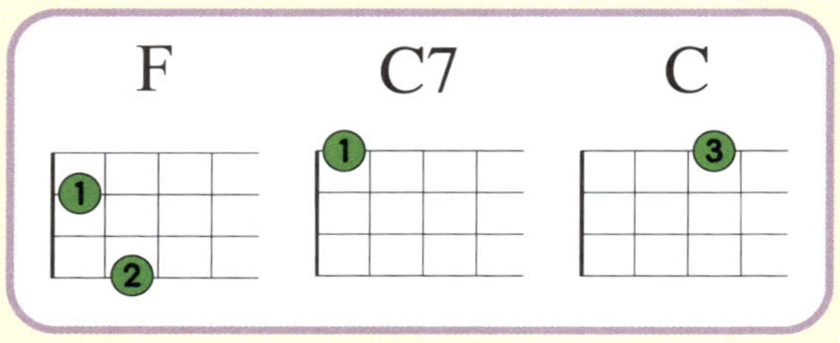

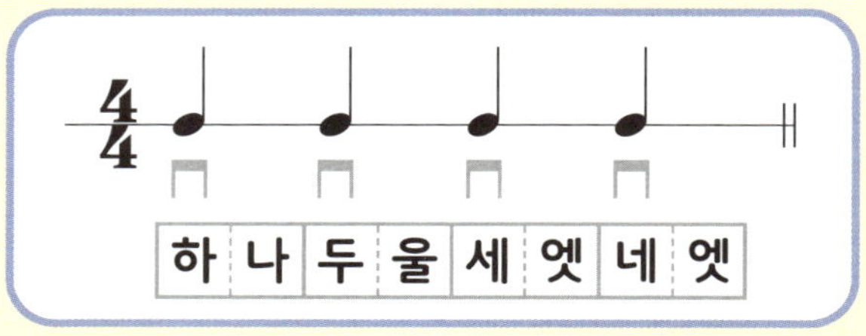

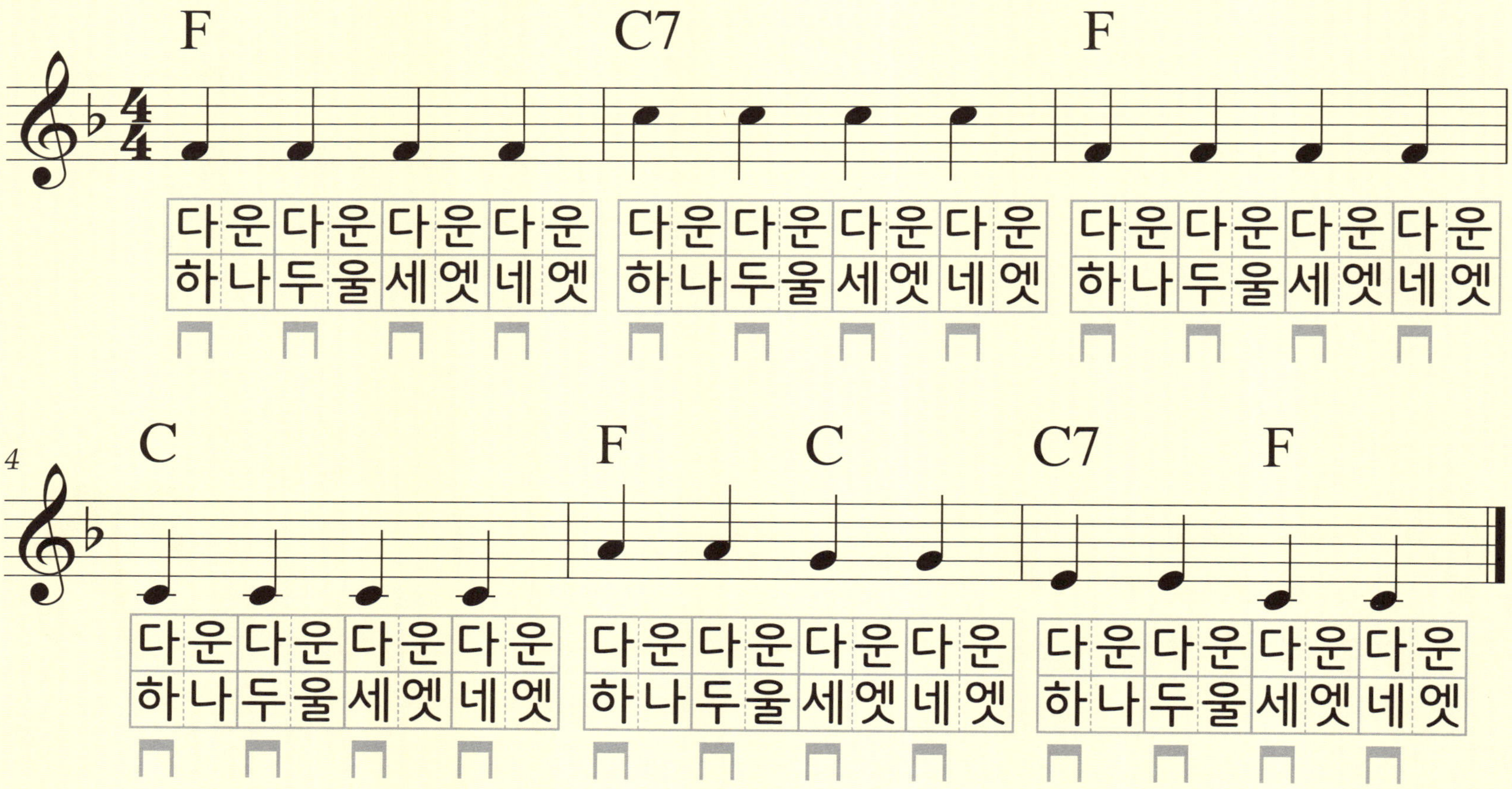

열 꼬마 인디언

작자 미상

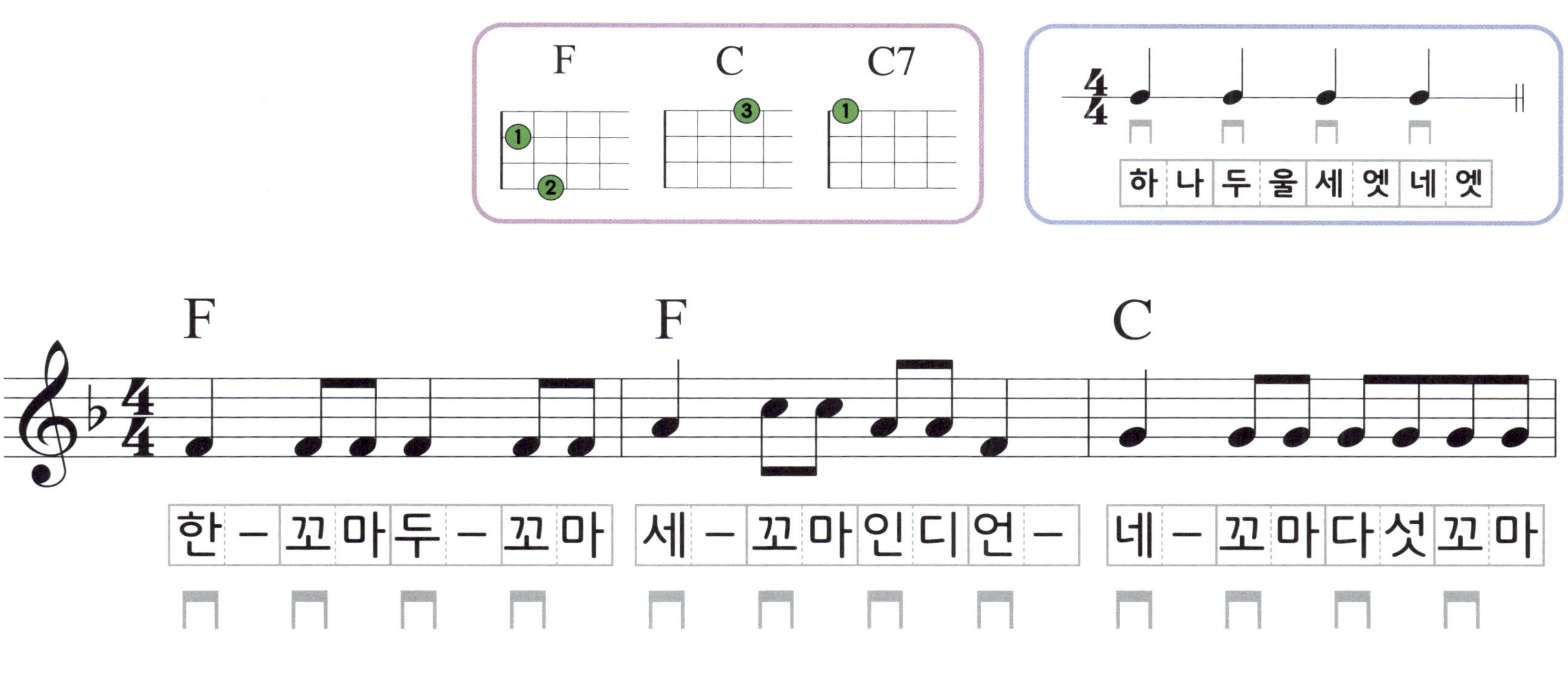

F
C
C7
하 나 두 울 세 엣 네 엣

F
한 － 꼬 마 두 － 꼬 마
F
세 － 꼬 마 인 디 언 －
C
네 － 꼬 마 다 섯 꼬 마

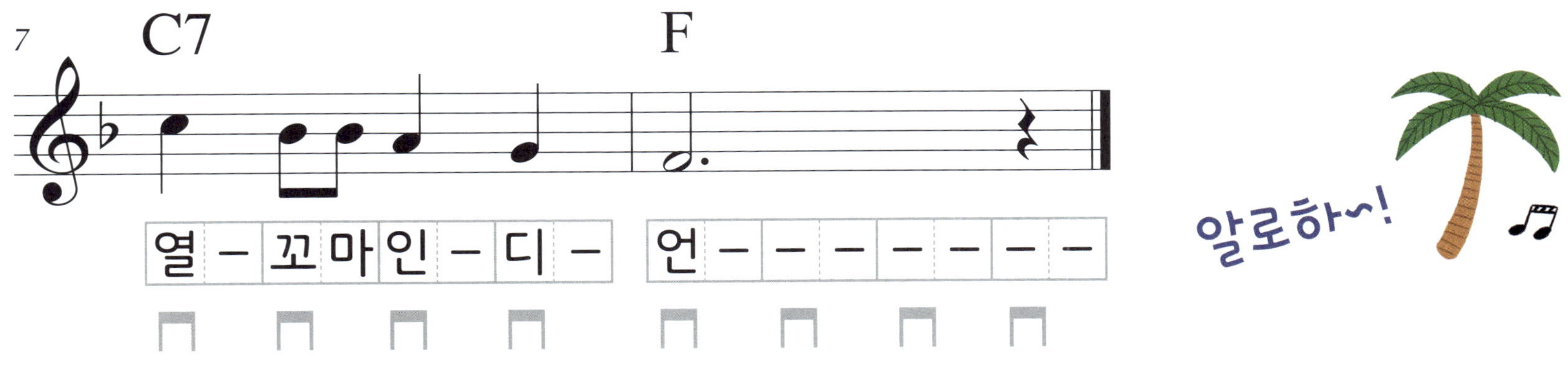

C7
여 섯 꼬 마 인 디 언 －
F
일 곱 꼬 마 여 덟 꼬 마
F
아 홉 꼬 마 인 디 언 －
C7
열 － 꼬 마 인 － 디 －
F
언 － － － － － － －
알로하~!

8비트(Beat) 리듬

8비트 리듬은 한 마디 안의 4박자를 8개로 쪼갠 리듬으로, 노래와 멜로디를 돋보이게 합니다.

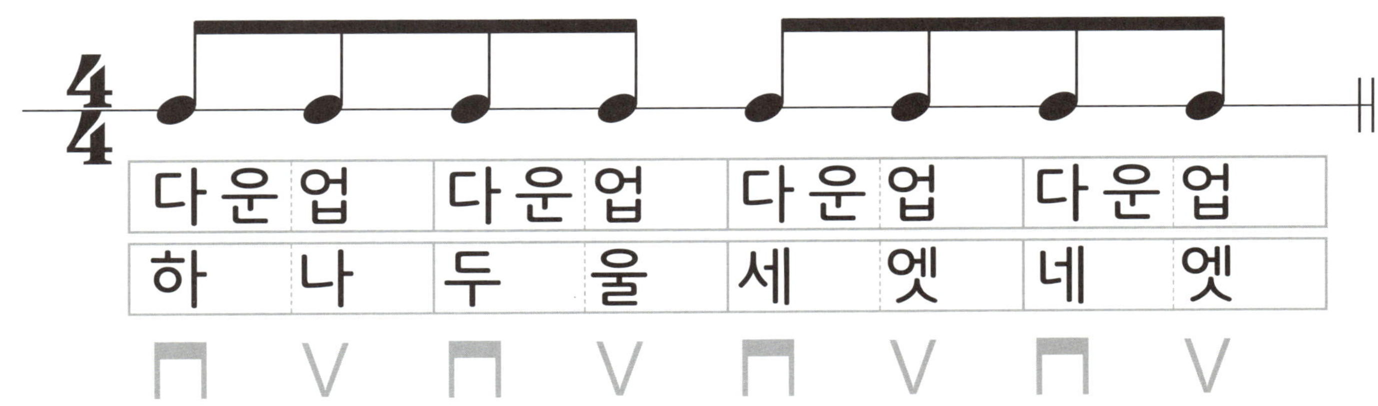

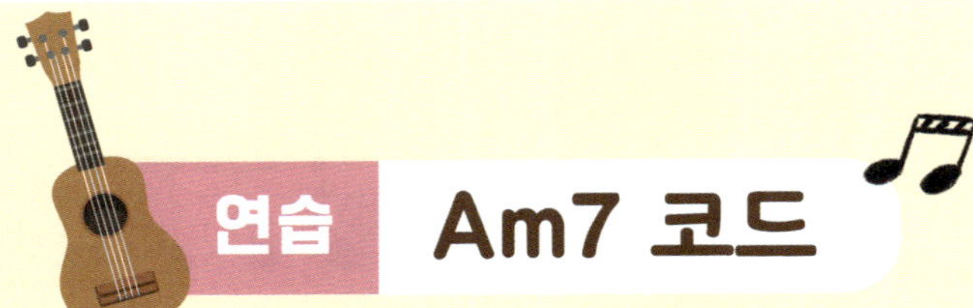

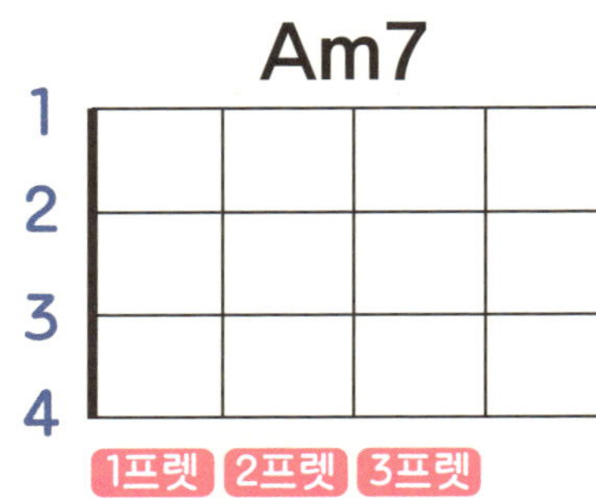

Am7(에이마이너세븐) 코드는 모두 **개방현**으로 연주합니다.

*개방현: 줄을 누르지 않고 그대로 연주함

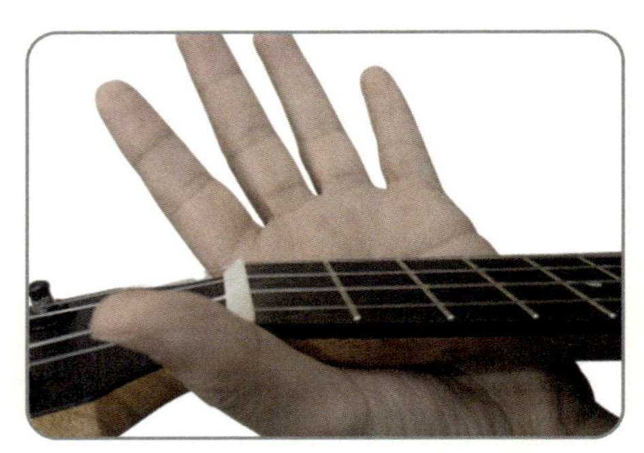

연습

8비트 코드 이동

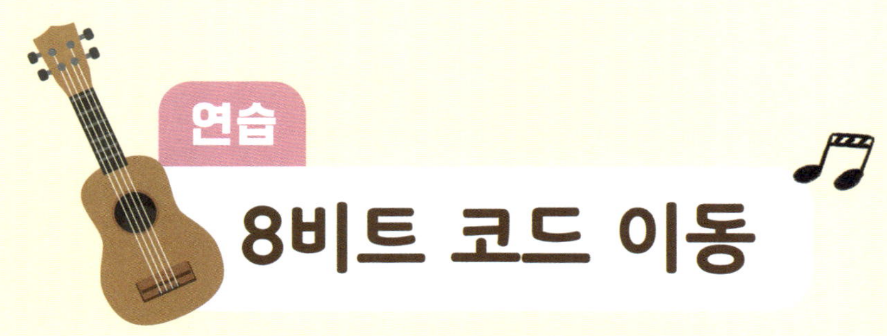

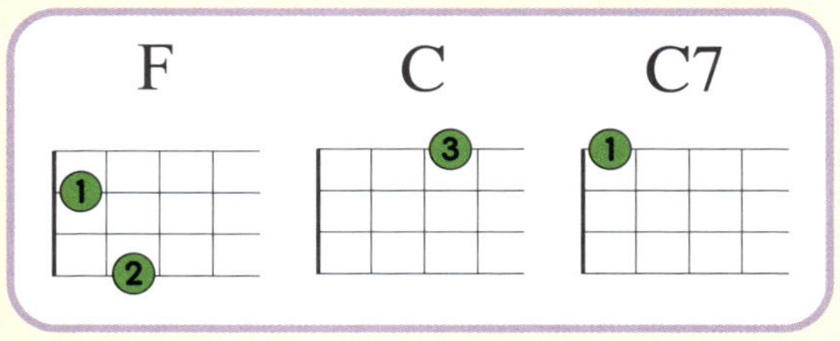

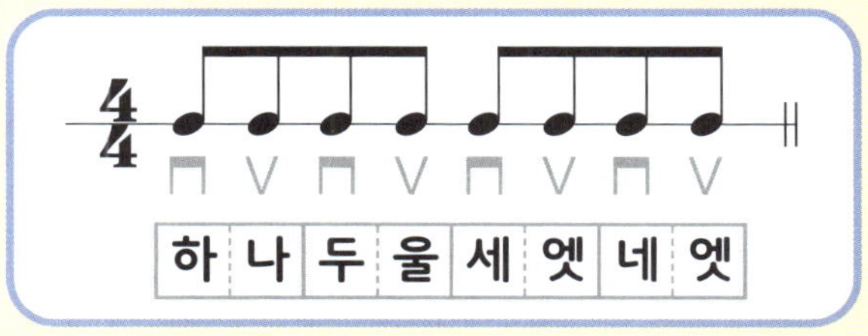

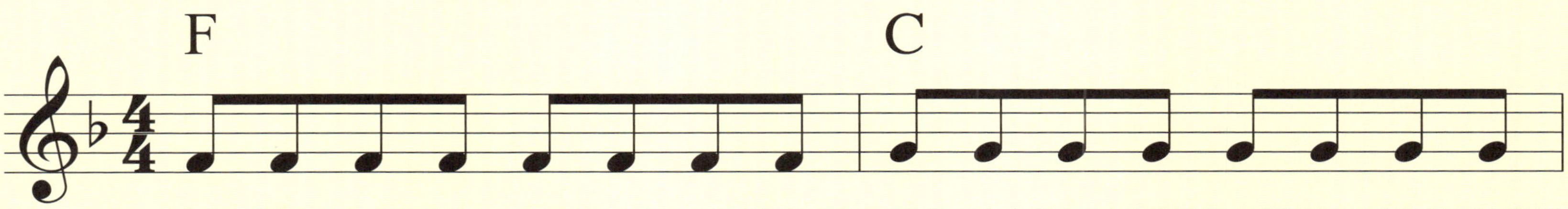

다운업		다운업		다운업		다운업		다운업		다운업		다운업		다운업	
하	나	두	울	세	엣	네	엣	하	나	두	울	세	엣	네	엣
⊓	V	⊓	V	⊓	V	⊓	V	⊓	V	⊓	V	⊓	V	⊓	V

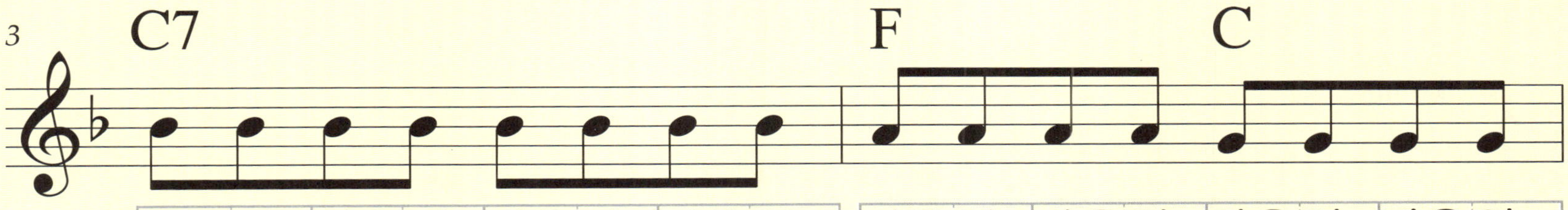

다운업		다운업		다운업		다운업		다운업		다운업		다운업		다운업	
하	나	두	울	세	엣	네	엣	하	나	두	울	세	엣	네	엣
⊓	V	⊓	V	⊓	V	⊓	V	⊓	V	⊓	V	⊓	V	⊓	V

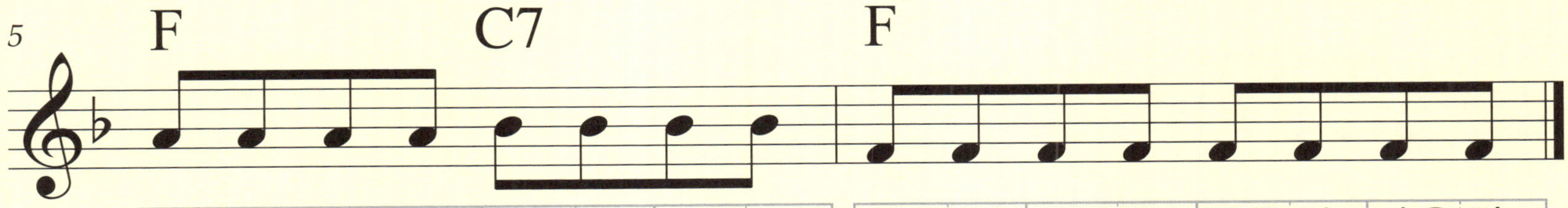

다운업		다운업		다운업		다운업		다운업		다운업		다운업		다운업	
하	나	두	울	세	엣	네	엣	하	나	두	울	세	엣	네	엣
⊓	V	⊓	V	⊓	V	⊓	V	⊓	V	⊓	V	⊓	V	⊓	V

엄마 돼지 아기 돼지

박홍근 작사 / 김규환 작곡

연주 TIP C와 C7이 헷갈리기 쉬워요. 눈으로 코드를 잘 보고, 소리 차이도 느껴 보세요.

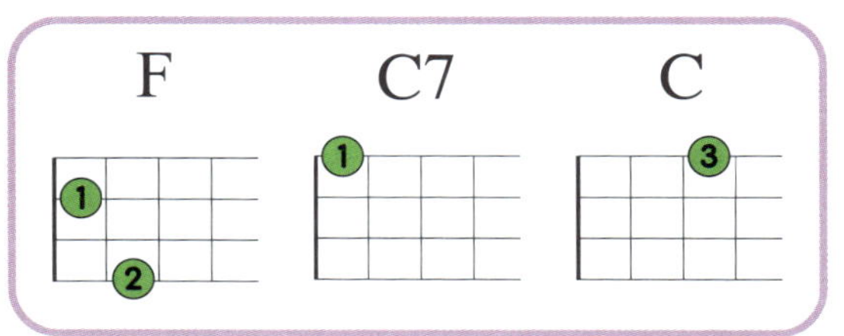

F
C7
C

4/4
하 나 두 울 세 엣 네 엣

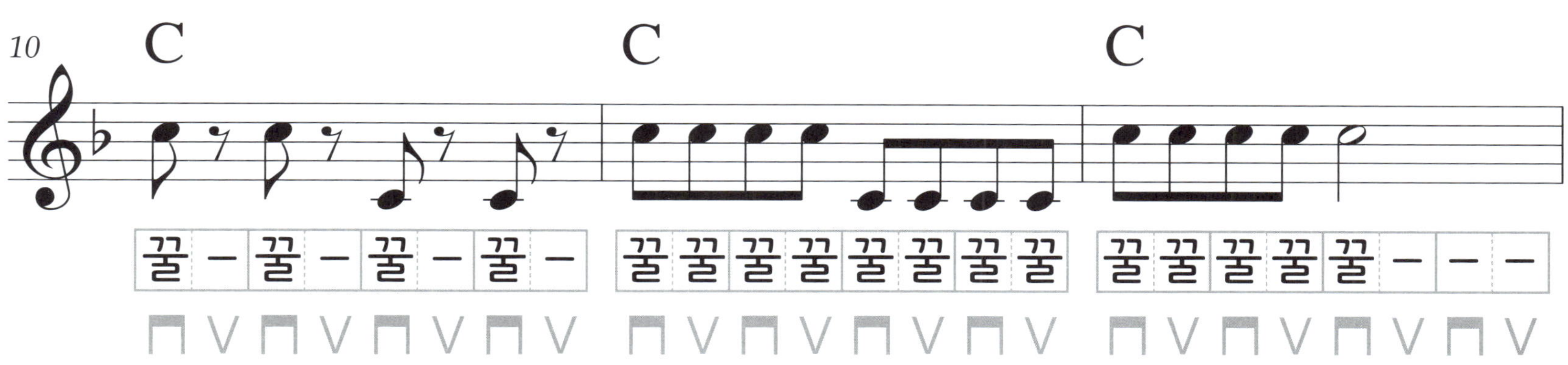

10
C
C
C
꿀 － 꿀 － 꿀 － 꿀 －
꿀 꿀 꿀 꿀 꿀 꿀 꿀 꿀
꿀 꿀 꿀 꿀 꿀 － － －

13
F
F
C7
아 기 돼 지 바 － 깥 －
으 － － － 로 － － －
나 가 자 고 꿀 － 꿀 －

16
C7
F
F
꿀 － － － － － － －
엄 마 돼 지 비 － 가 －
와 － － － 서 － － －

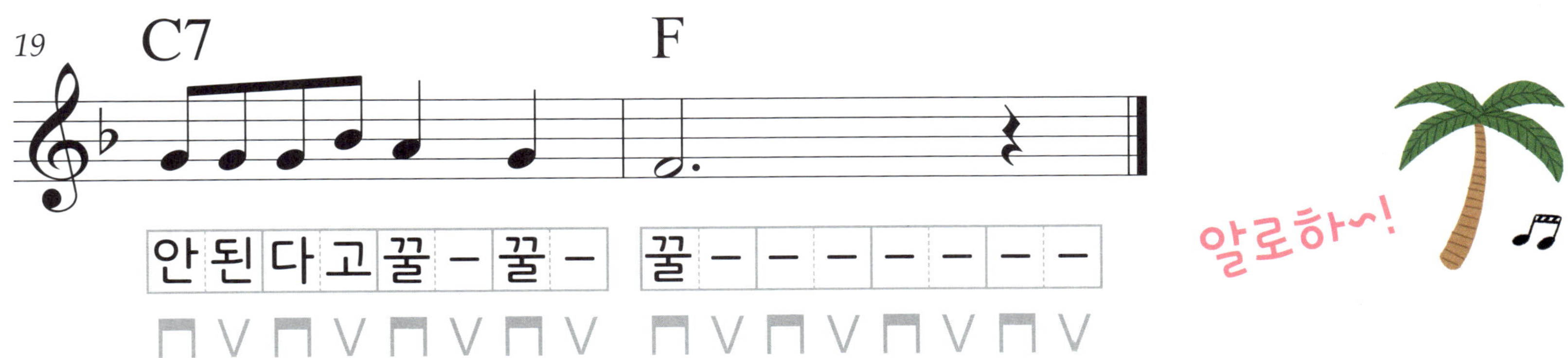

19
C7
F
안 된 다 고 꿀 － 꿀 －
꿀 － － － － － － －
알로하~!

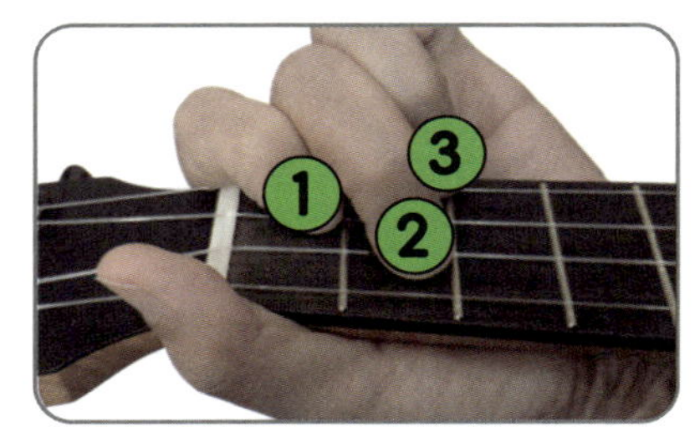

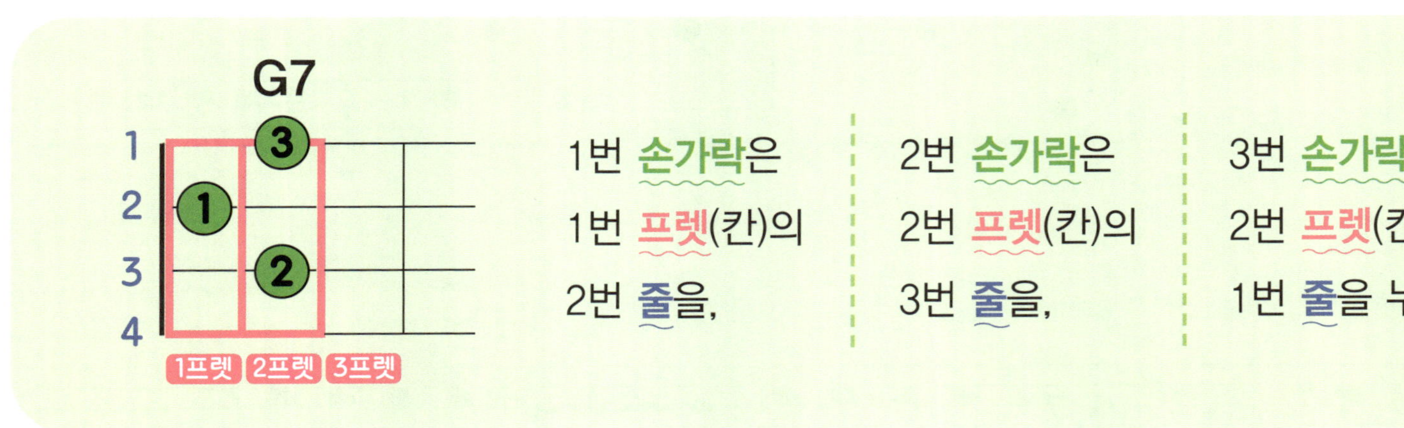

Lesson 6 G7(쥐세븐) 코드 배우기

G7
1
2
3
4
1프렛 2프렛 3프렛

1번 손가락은 1번 프렛(칸)의 2번 줄을,

2번 손가락은 2번 프렛(칸)의 3번 줄을,

3번 손가락은 2번 프렛(칸)의 1번 줄을 누르세요.

연습 C → G7 코드 이동

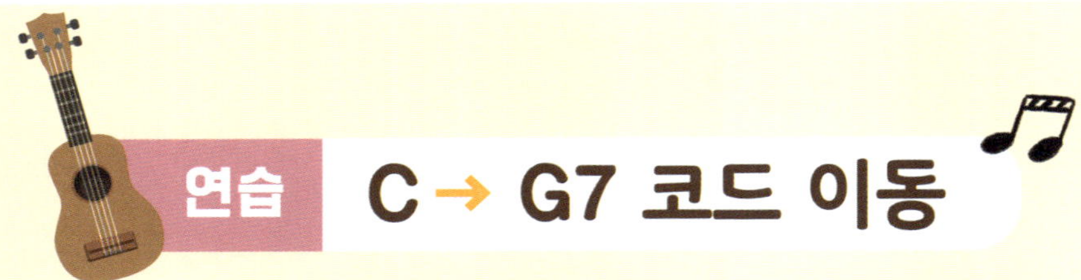

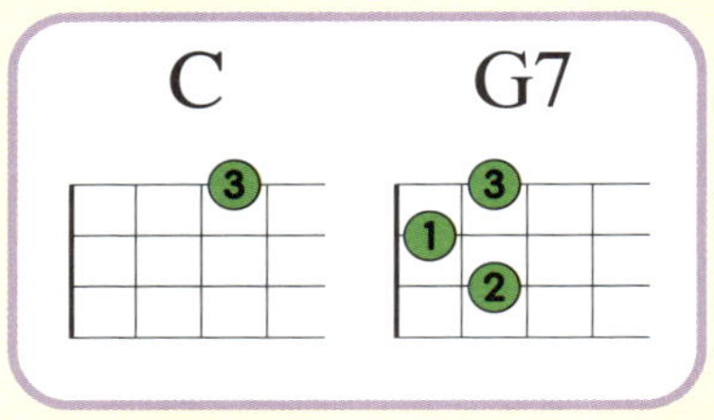
C
G7

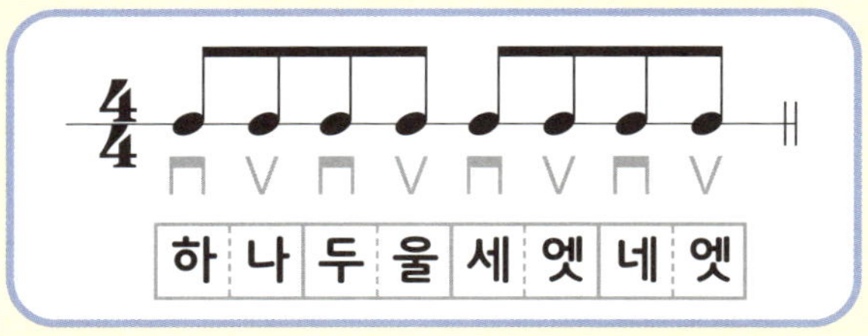
하 나 두 울 세 엣 네 엣

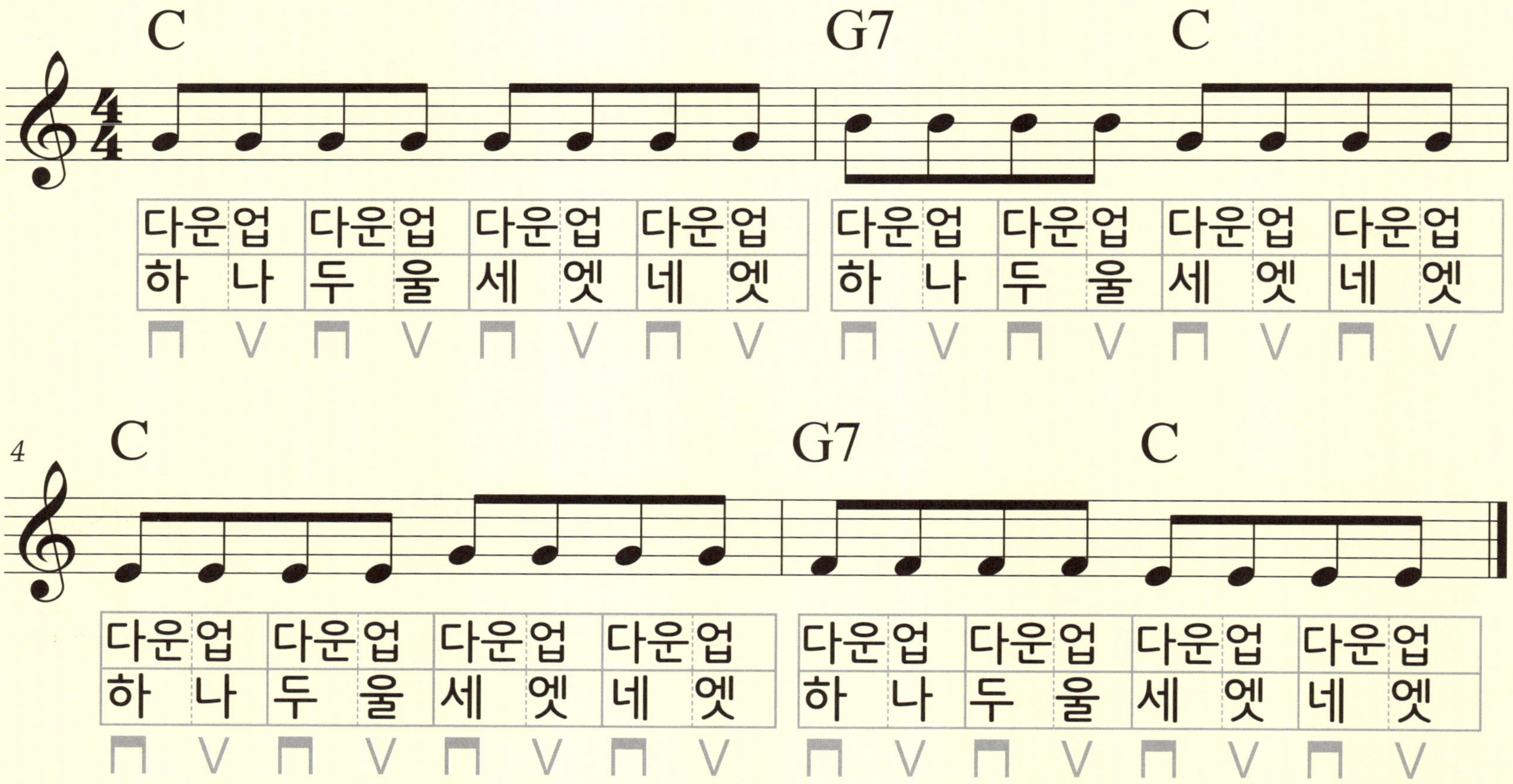
C
G7
C
다운업 다운업 다운업 다운업 다운업 다운업 다운업 다운업
하 나 두 울 세 엣 네 엣 하 나 두 울 세 엣 네 엣
4
C
G7
C
다운업 다운업 다운업 다운업 다운업 다운업 다운업 다운업
하 나 두 울 세 엣 네 엣 하 나 두 울 세 엣 네 엣

나비야

작자 미상

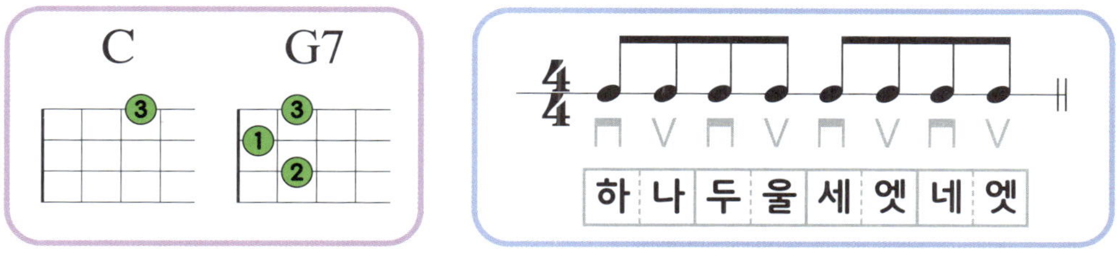

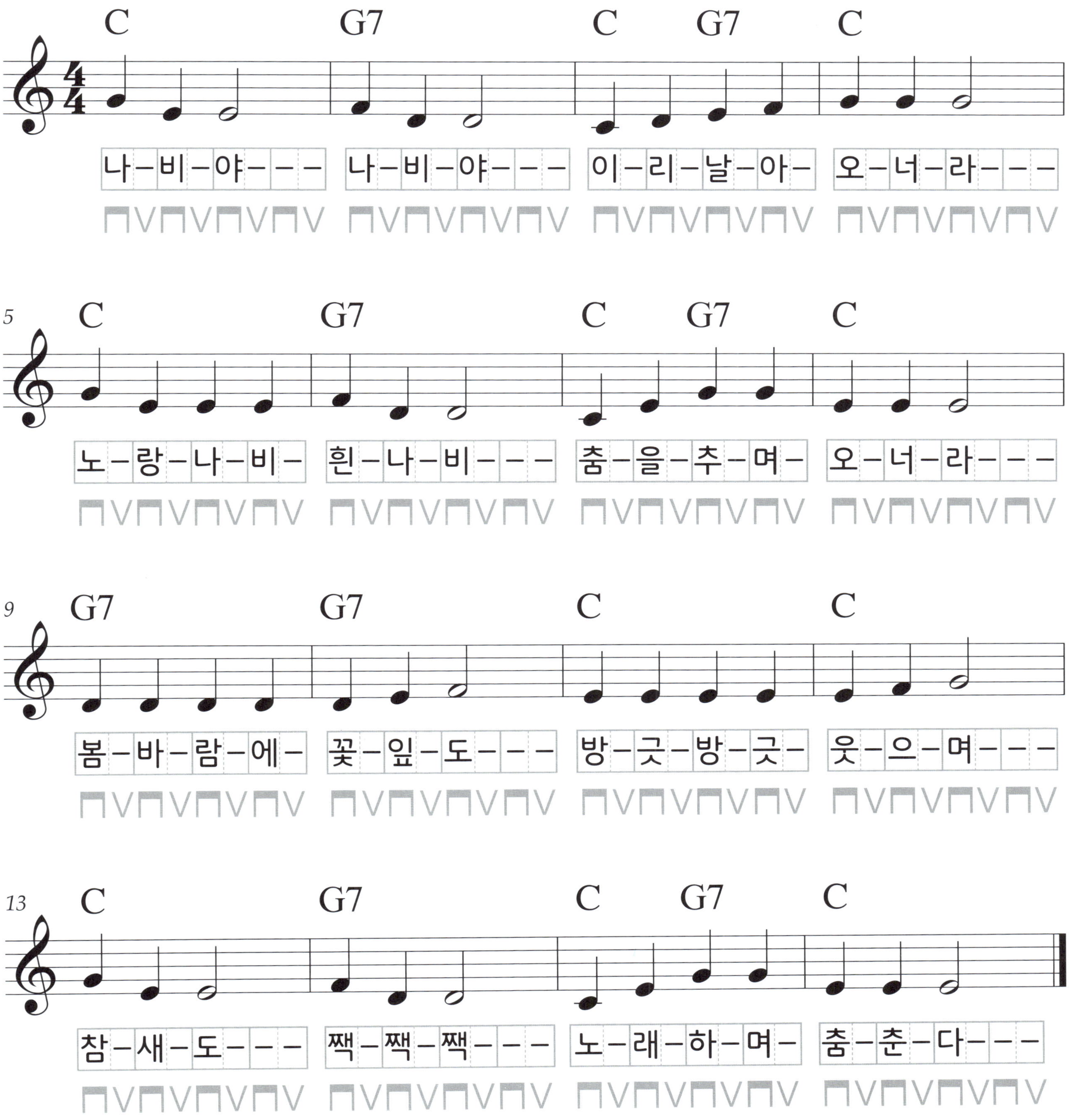

C · G7 · C · G7 · C

C · G7 · C · G7 · C

G7 · G7 · C · C

C · G7 · C · G7 · C

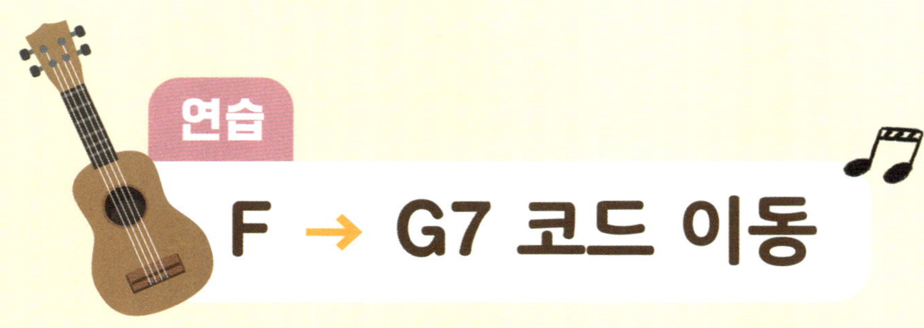

F   G7

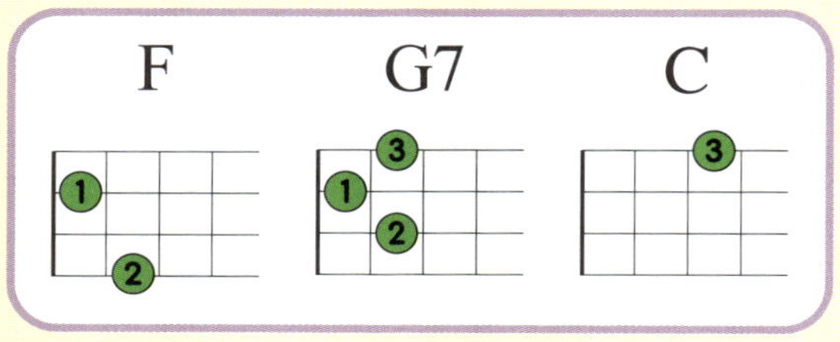

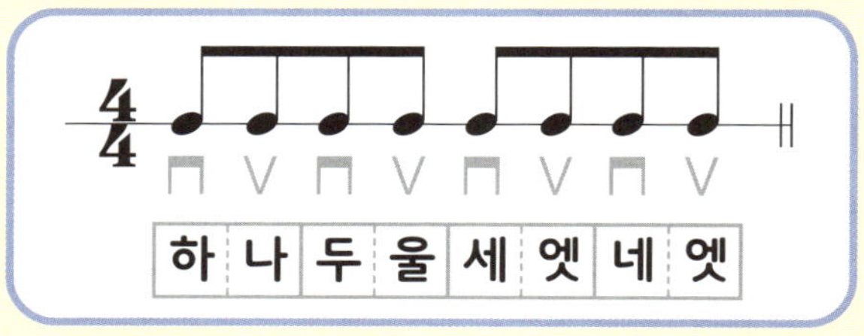

3
F   G7   F   G7

5
F   G7   C

학교 종

김메리 작사·곡

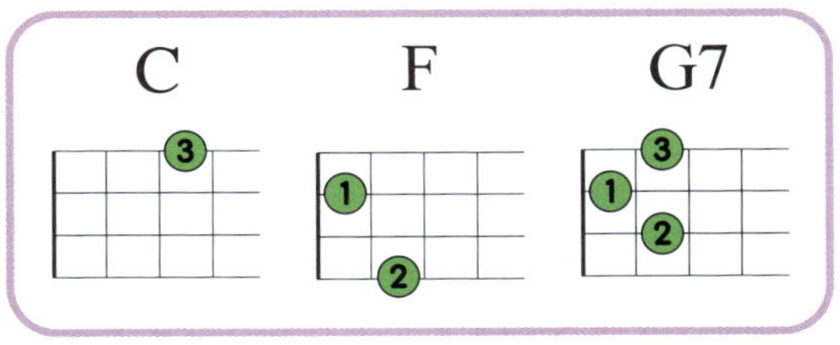

C · F · C · C

G7 · C · F · C

엔딩 연주

C · G7 · C G7 C

엔딩이란? 노래의 끝을 알리는 마무리를 뜻하며, 엔딩 연주로 **다운 – 다운 – 다운 – 쉼**을 사용하여 경쾌하게 마칩니다.

그대로 멈춰라

김방옥 작사·곡

연주 TIP F에서 G7으로 갈 때는 1번 손가락을 그대로 두고 바꿔 보세요. 손이 훨씬 편해요.

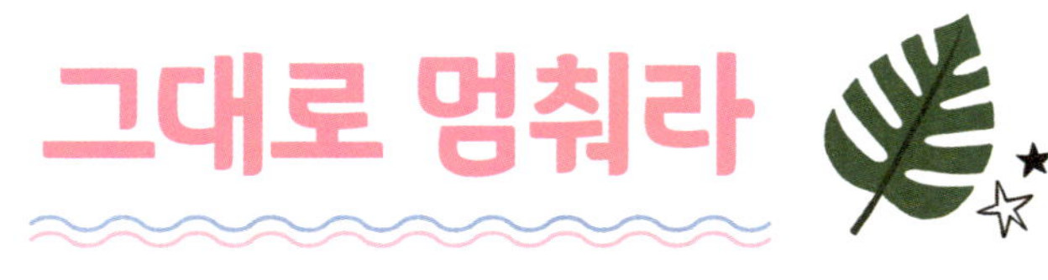

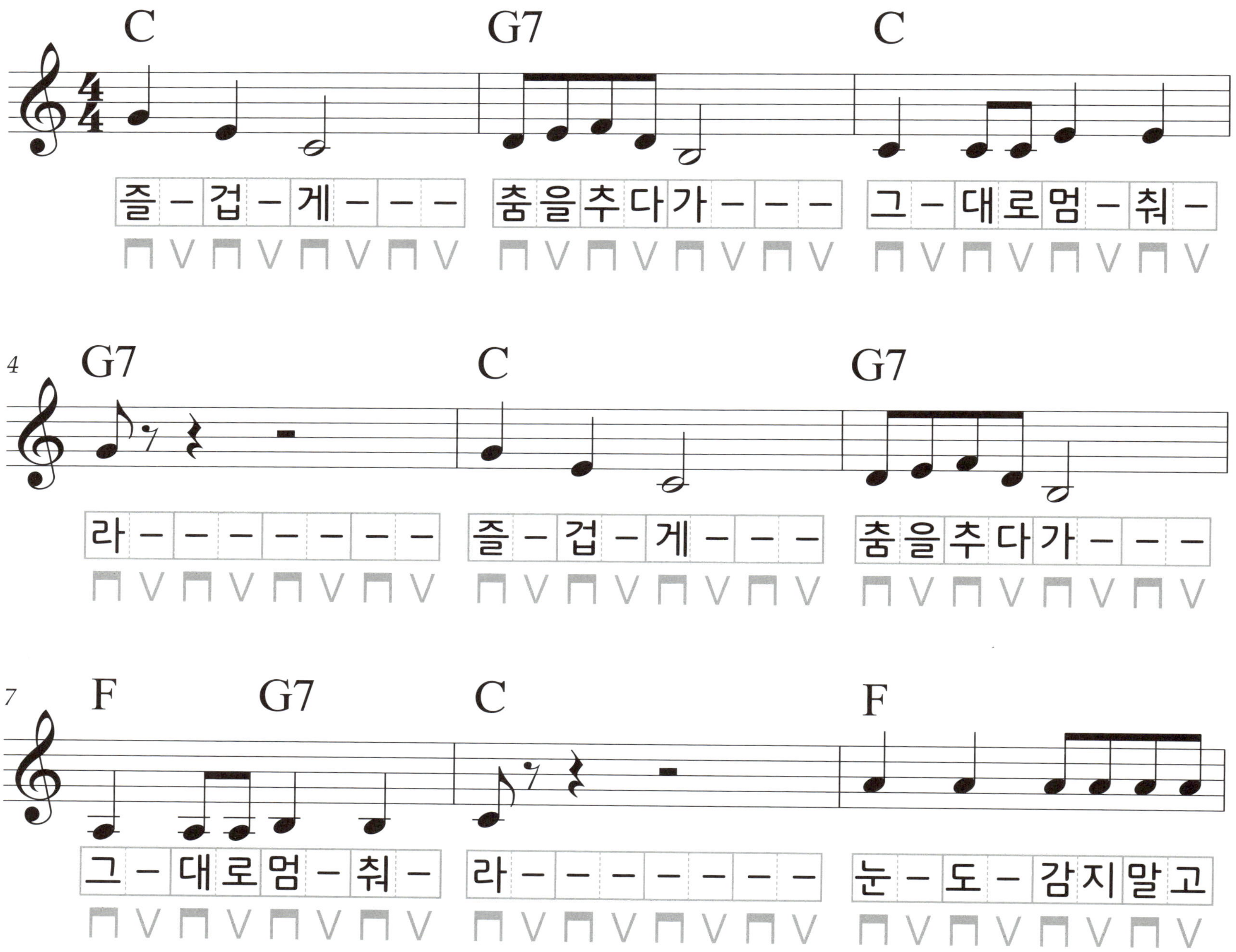

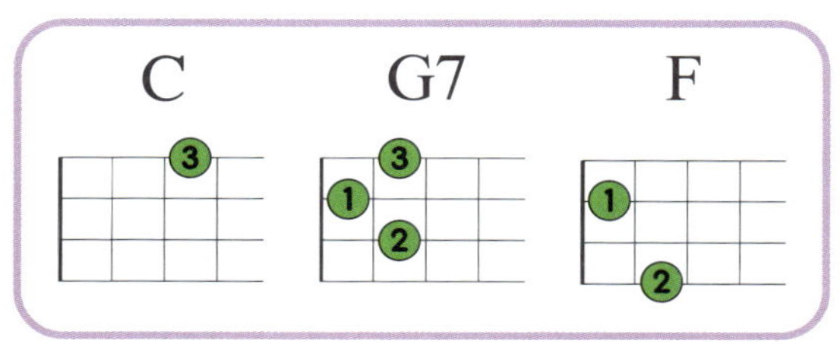

C   G7   F

4/4
하 나 두 울 세 엣 네 엣

10
C   F   C   G7
웃 - 지 도 말 - 고 -   울 - 지 도 말 - 고 -   움 직 이 지 마 - - - -
13
C   G7   C
즐 - 겁 - 게 - - -   춤 을 추 다 가 - - -   그 - 대 로 멈 - 춰 -

16
G7   C   G7
라 - - - - - - -   즐 - 겁 - 게 - - -   춤 을 추 다 가 - - -

엔딩 연주
19
F   G7   C   C   G7   C
그 - 대 로 멈 - 춰 -   라 - - - - - - -

Lesson 7 　G(쥐) 코드 배우기

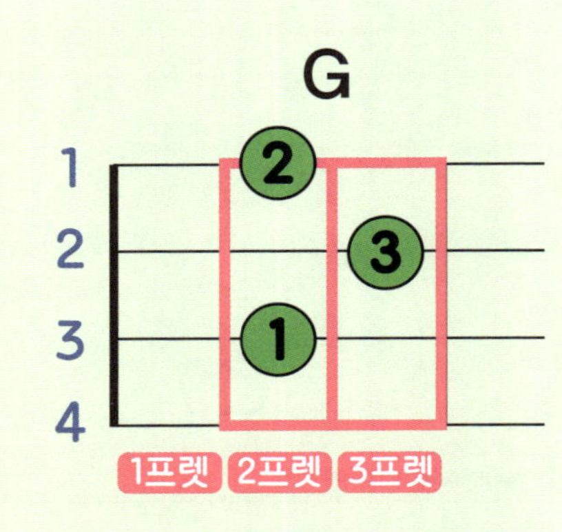

1번 **손가락**은
2번 **프렛**(칸)의
3번 **줄**을,

2번 **손가락**은
2번 **프렛**(칸)의
1번 **줄**을,

3번 **손가락**은
3번 **프렛**(칸)의
2번 **줄**을 누르세요.

연습　C → G 코드 이동

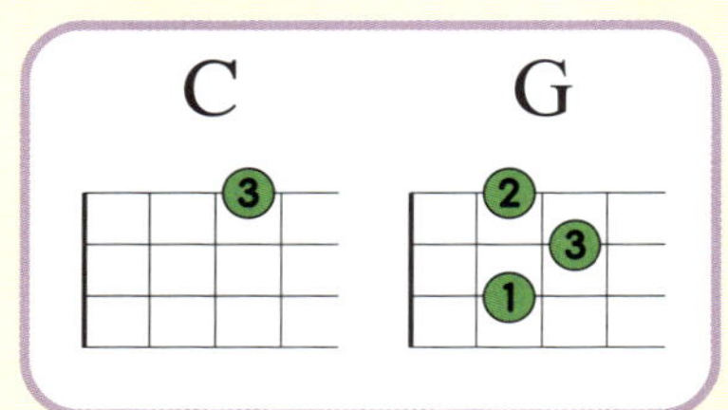

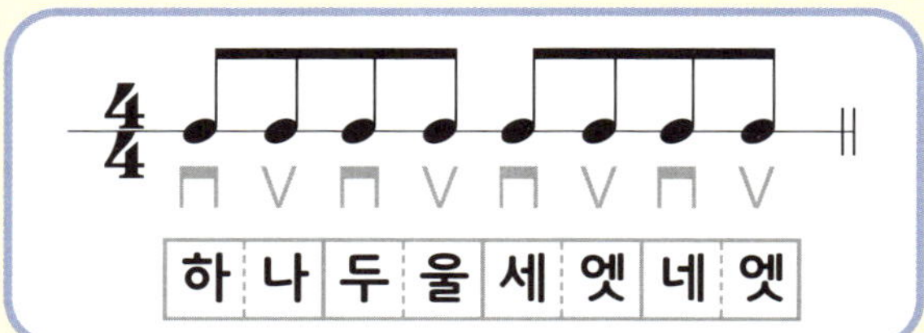

징글벨

피어폰트 작곡

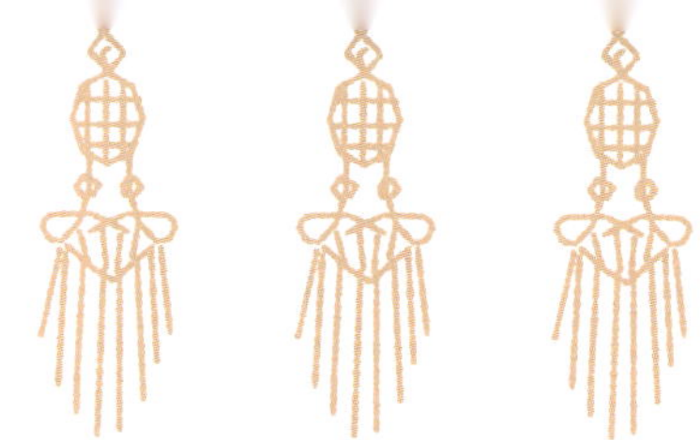

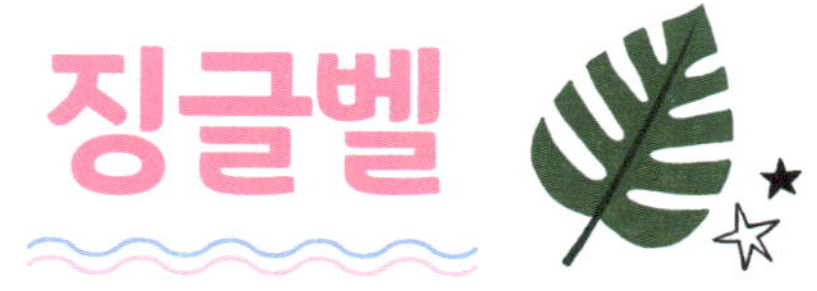

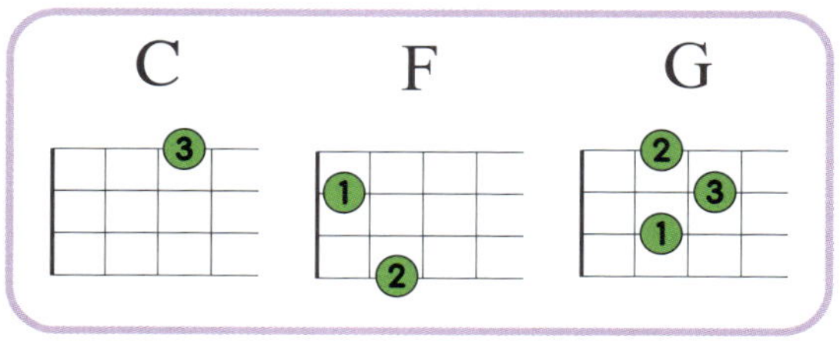
C
F
G

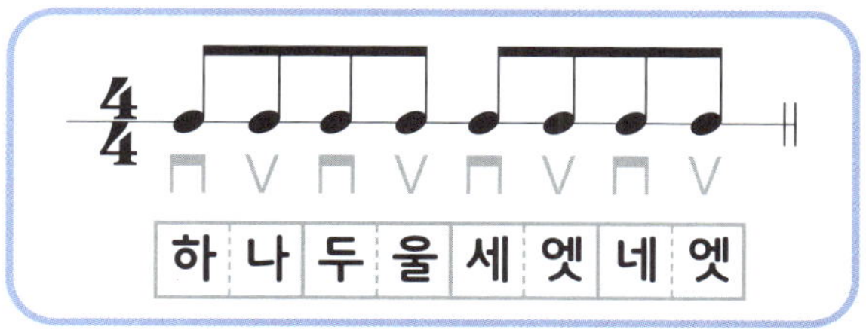
4/4
하 나 두 울 세 엣 네 엣

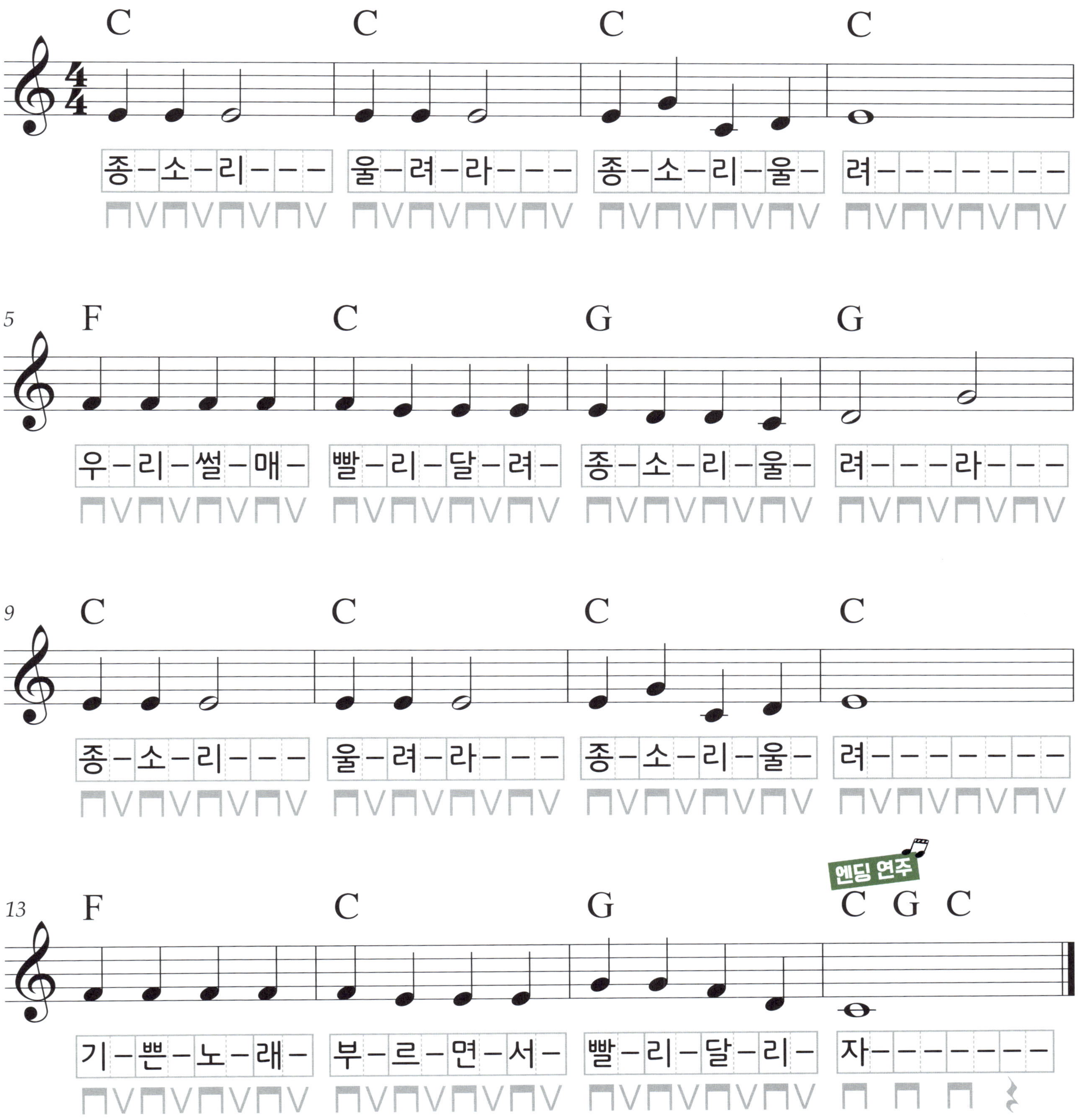
C C C C
종–소–리––– 울–려–라––– 종–소–리–울– 려–––––––
5 F C G G
우–리–썰–매– 빨–리–달–려– 종–소–리–울– 려–––라–––
9 C C C C
종–소–리––– 울–려–라––– 종–소–리–울– 려–––––––
13 F C G
엔딩 연주
C G C
기–쁜–노–래– 부–르–면–서– 빨–리–달–리– 자–––––––

또 만나요

오세은 작사·곡

연주 TIP   앞에서 연습한 것처럼, C에서 G로 바꿀 때 어렵더라도 오른손 스트로크는 절대 멈추지 말고 이어가 보세요.

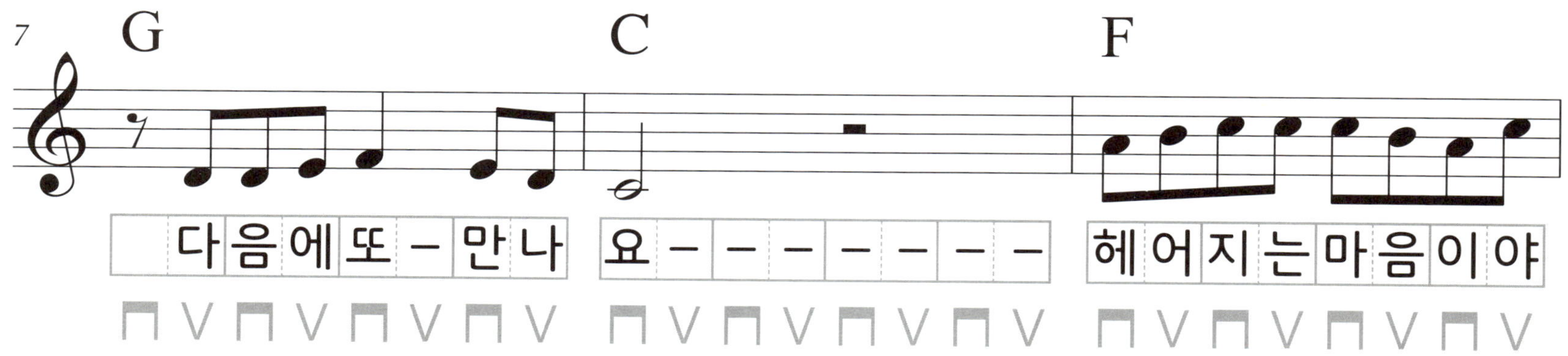

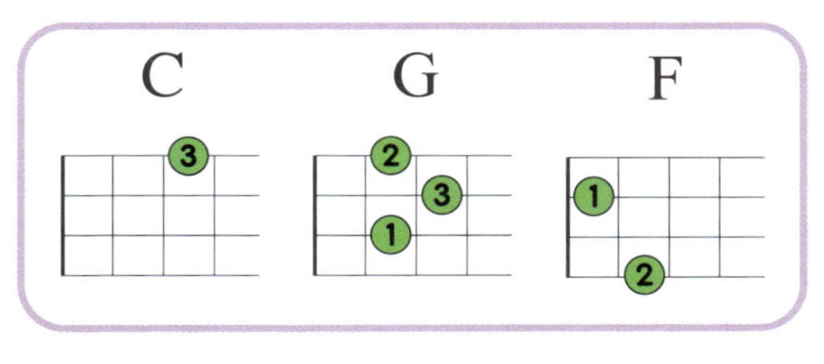

C   G   F

4/4
하 나 두 울 세 엣 네 엣

10
C   G   C
아 쉬 웁 지 만 – – –   웃 으 면 서 헤 – 어 져   요 – – – – – – –

13
F   C   G
다 음 에 또 만 날 날 을   약 속 하 면 서 – – –   이 제 그 만 헤 – 어 져

엔딩 연주
16
C   C   G   C
요 – – – – – – –
알로하~!

씨앗

김성균 작사·곡

C   G   G7
4/4
하 나 두 울 세 엣 네 엣

C   C   G
씨 ― 씨 ― 씨 를 뿌 리   고 ― ― ― ― ― ―   꼭 ― 꼭 ― 물 을 주 었

G   C   G   C
죠 ― ― ― ― ― ―   하룻밤 ― ― 이틀밤 ― ―   쉿 ― 쉿 ― 쉿 ― ― ―

G   C   G   C   G7
뽀드득 ― ― 뽀드득 ― ―   뽀드득 ― ― ― ― ― ―   싹 ― ― 이 났 ― 어 ―

엔딩 연주
C   C G7 C
요 ― ― ― ― ― ―

알로하~!

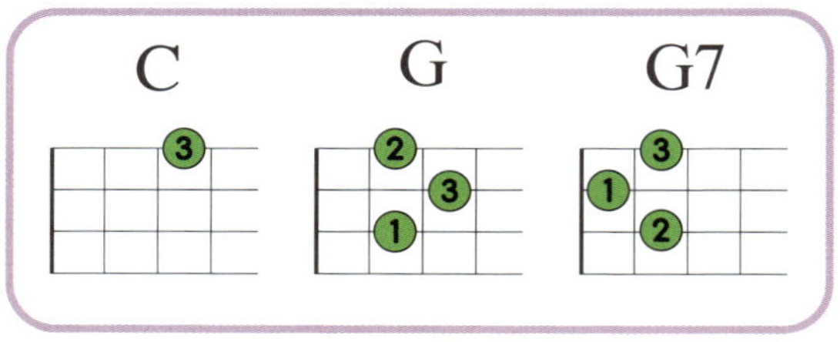

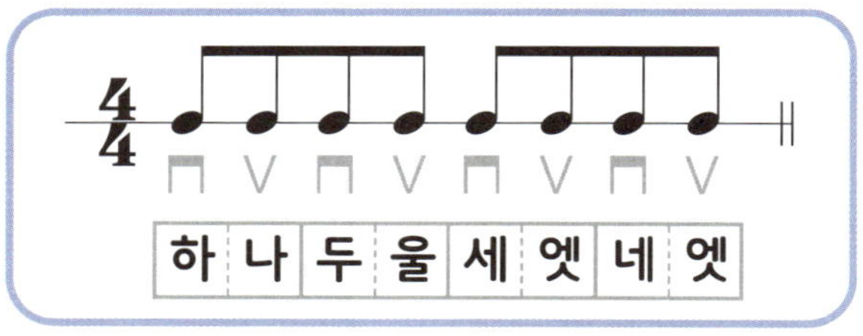

Dm(디마이너) 코드 배우기

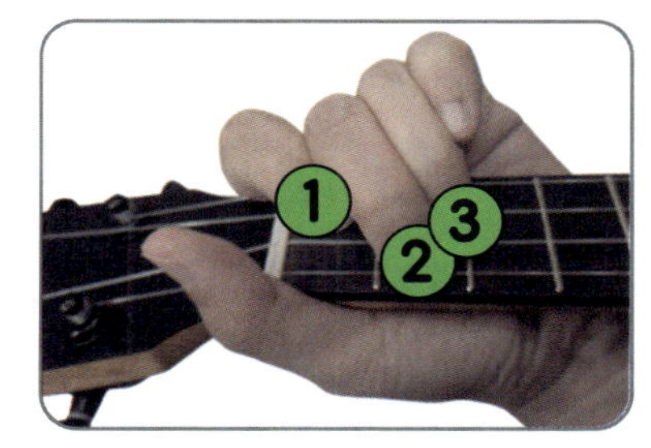

Dm

1번 **손가락**은
1번 **프렛**(칸)의
2번 **줄**을,

2번 **손가락**은
2번 **프렛**(칸)의
4번 **줄**을,

3번 **손가락**은
2번 **프렛**(칸)의
3번 **줄**을 누르세요.

연습 C → Am → Dm → G7 코드 이동

어디서 무엇이 되어 다시 만나랴

김광섭 작사 / 이세문 작곡

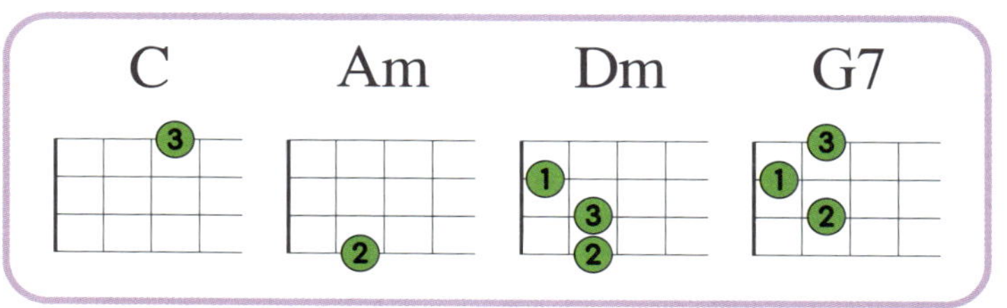

C   Am   Dm   G7

하 나 두 울 세 엣 네 엣

13
C
Am
Dm
나는 - 어두움 속 - 으로 - - - - 사 - 라 - 진 -

16
G7
C
Am
다 - - - - - - - 이렇게 - 정다 운 - - - - - -

19
Dm
G7
C
너하나 - 나하 나 - - 는 - - - - 어디서 - 무엇

22
Am
Dm
G7
이 - 되어 - - - - 다시만 - - 나 려 - - - - - -

8비트(Beat) 응용 리듬

연습 8비트 응용 리듬

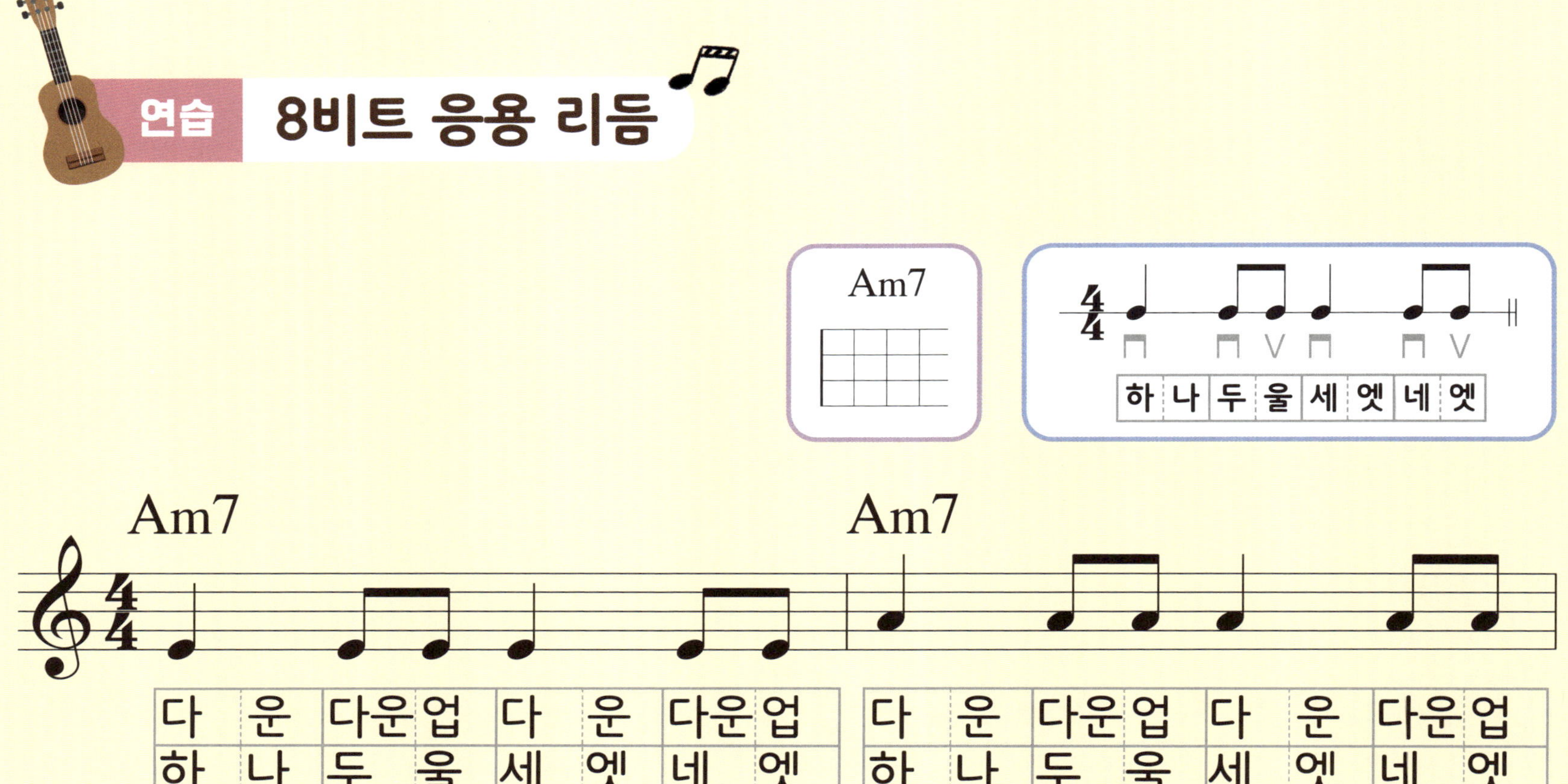

D7(디세븐) 코드 배우기

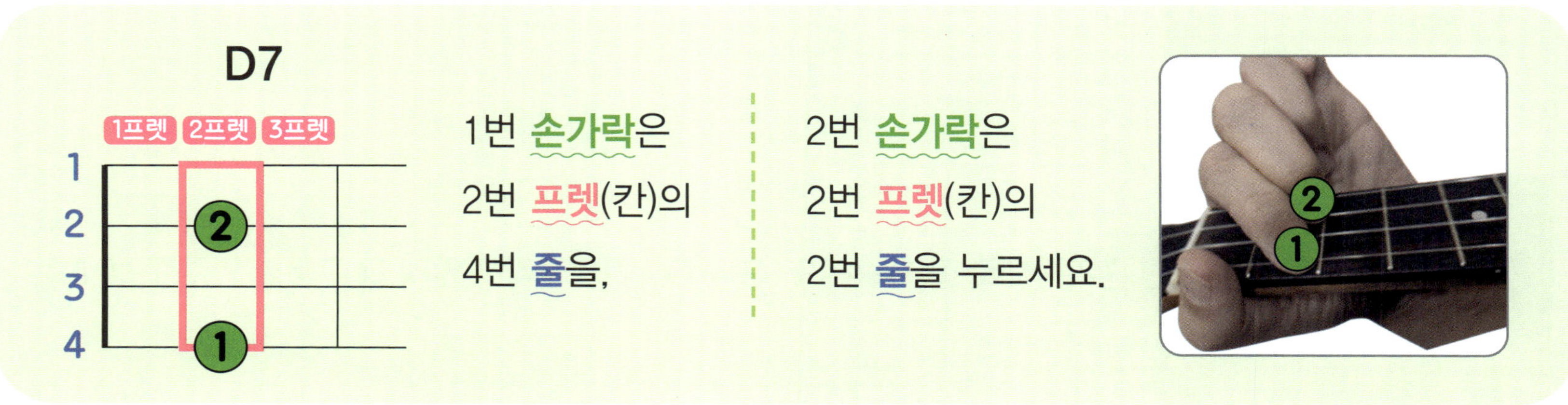

연습 D7 → G 코드 이동

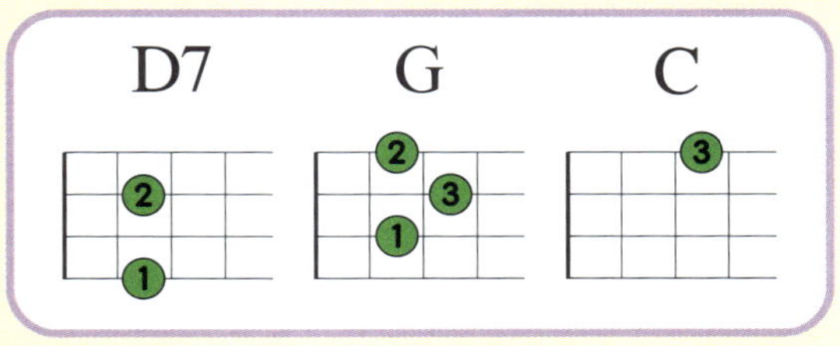

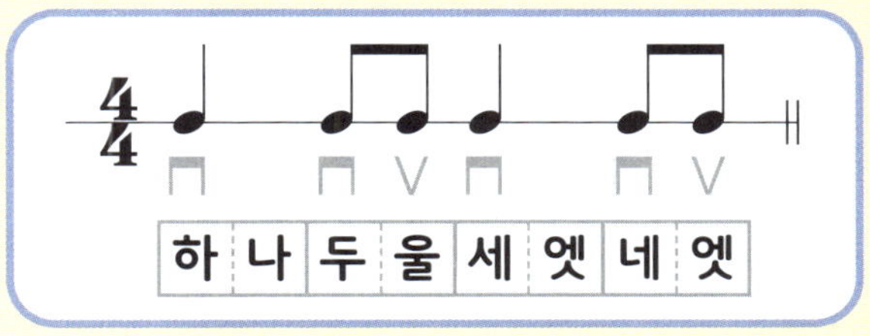

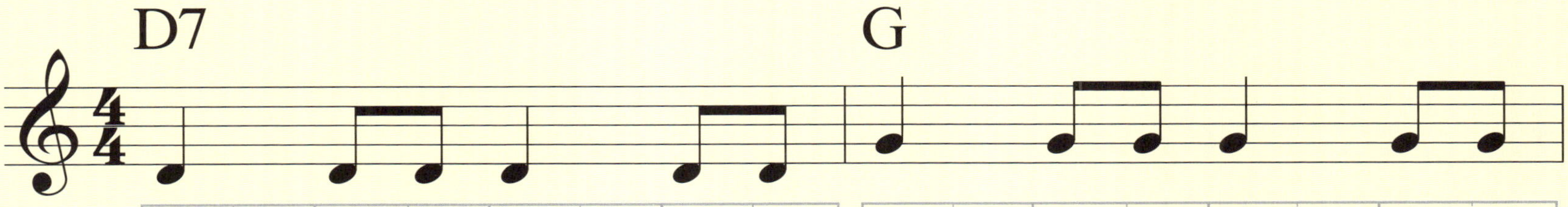

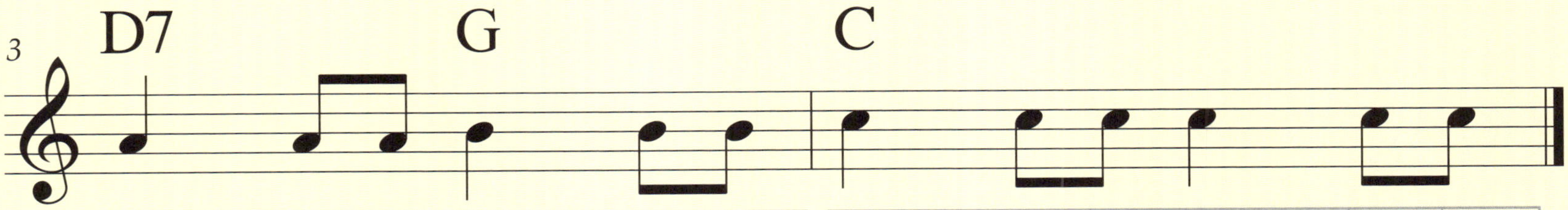

D7

G

D7   **G**

C

가을 길

김규환 작사·곡

D7은 1번, 2번 손가락으로 잡아 보세요. G와 G7도 헷갈리지 않게 잘 구분해 연주해 보세요.

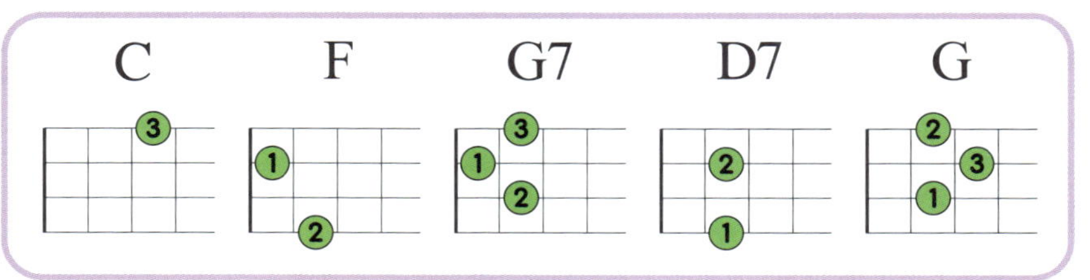

C   F   G7   D7   G

4/4
하 나 두 울 세 엣 네 엣

10
F   D7   F   G7
트랄 - 랄랄라 - - - 트랄 - 랄랄랄 - 라 - 노 - 래부르 - 자 -

13
C   F   C   D7   G
산 - 넘고물 - 건너 가 - 는 - 길 - - - 가 - 을 - 길 - 은 -

엔딩 연주
16
C   C   G   C
비 - 단 - 길 - - -
알로하~!

고향의 봄

이원수 작사 / 홍난파 작곡

연주 TIP 코드가 많아 보여도 괜찮아요. 한 마디 안에서 바뀌는 코드를 미리 보고 차분하게 옮겨 보세요.

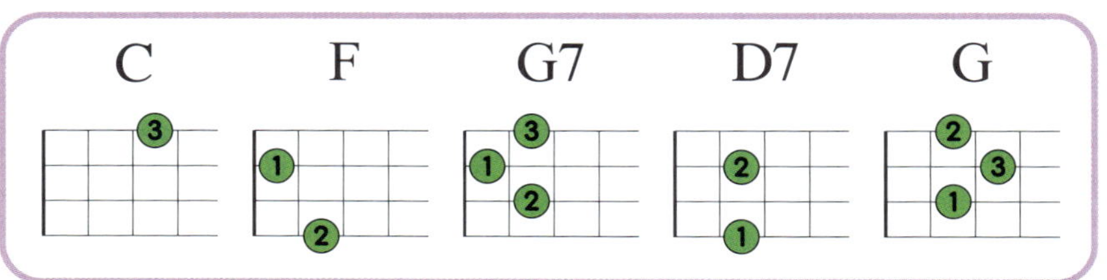

C   F   G7   D7   G

4/4
하 나 두 울 세 엣 네 엣

G7   C   D7   G
꽃 ― ― ― 대 ― 궐 ― 차 ― 리 ― 인 ― 동 ― 네 ― ― ― ― ― ― ―

C   G7   C   F   C   G7
그 ― 속 ― 에 ― 서 ― 놀 ― 던 ― 때 ― 가 ― 그 ― 립 ― 습 ― 니 ―

C
다 ― ― ― ― ― ― ―

알로하~!

나성에 가면

길옥윤 작사·곡

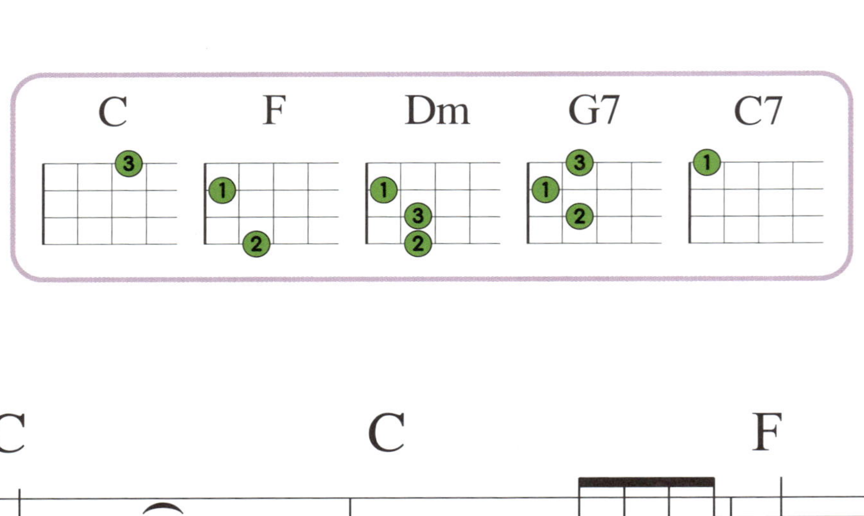

17 Dm Dm F G7
나-와둘-이서- 지-낸날-들을- 잊-지말-아줘요 - - - - - - - -
21 C C F F
나-성에-가면- 편-지를띄우세요 - - - - - - - - - - - - -
25 Dm G7 C C
함-께못-가 서 정-말-미안해요 - - - - - - - - - - - - -
29 C C F F
나-성에-가면- 소-식을전해줘요 - - - - - - - - - - - - -
엔딩 연주
33 Dm G7 C C G7 C
안-녕- - - - - 안-녕-내-사랑 - - - - - - - -

Lesson 10 칼립소 리듬

칼립소 리듬은 리듬의 배치가 독특해서 밝고 경쾌합니다. 어떻게 칠까요?

4/4
다 운 다운업 쉿 업 다운업
하 나 두 울 세 엣 네 엣

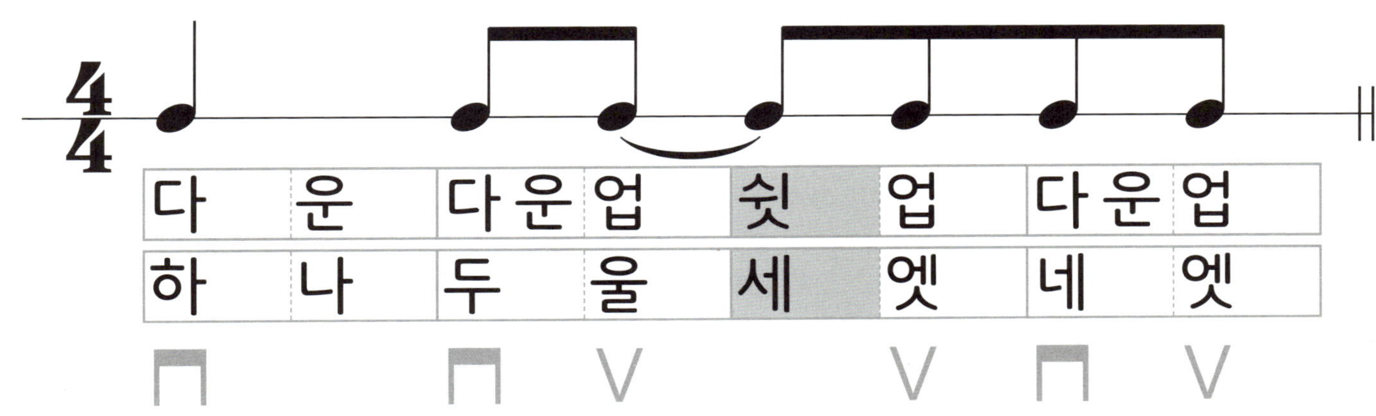

연습 칼립소 리듬

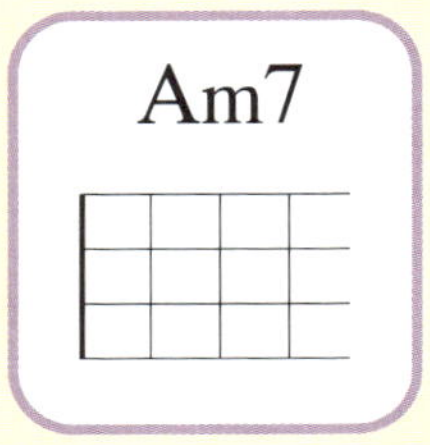

Am7

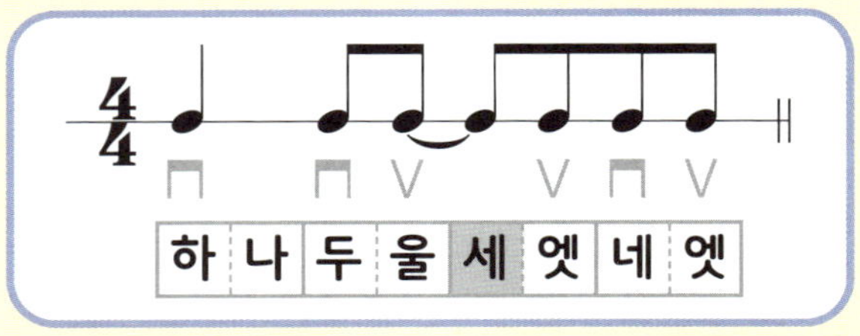

4/4
하 나 두 울 세 엣 네 엣

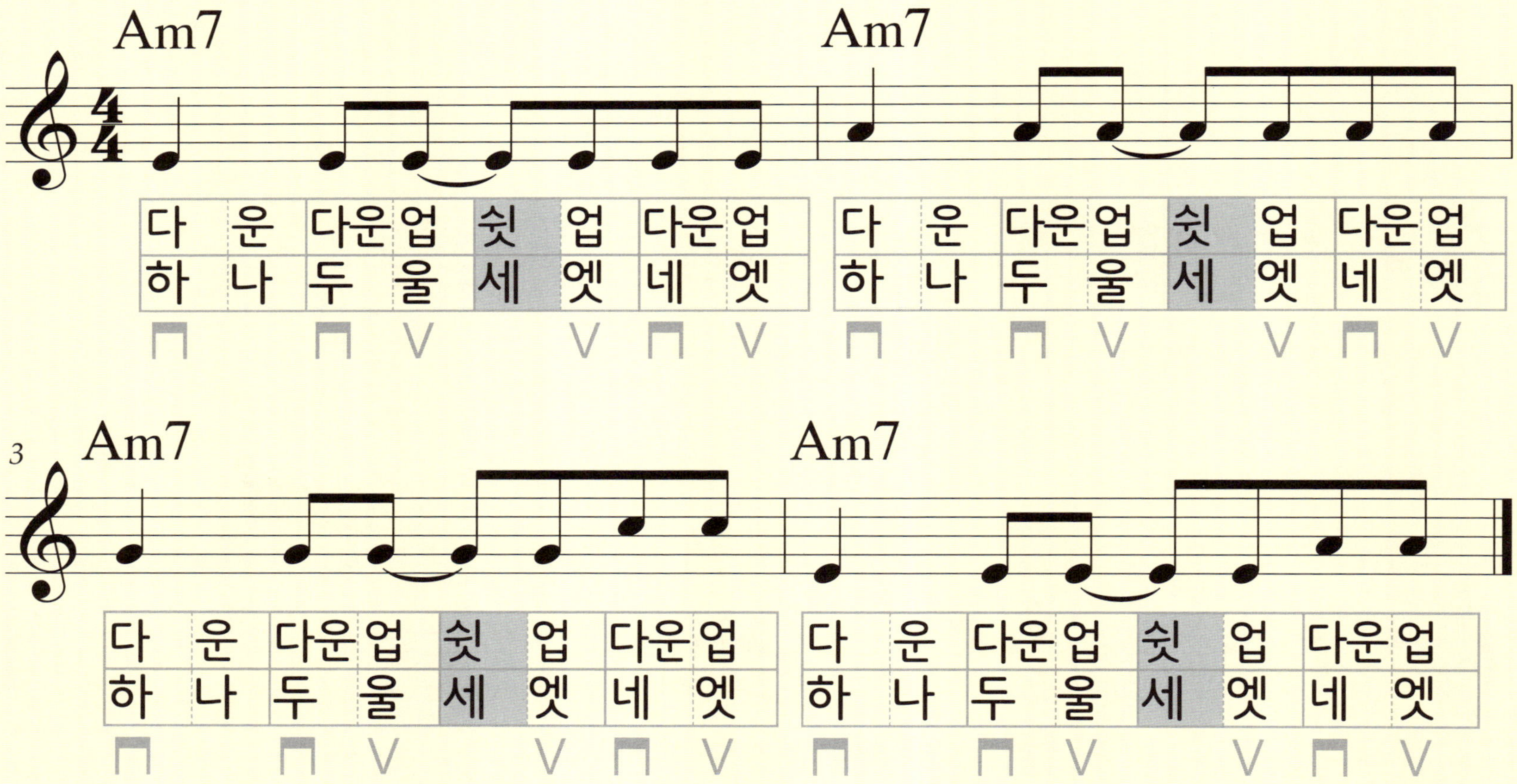

Am7
Am7
다 운 다운업 쉿 업 다운업
하 나 두 울 세 엣 네 엣
다 운 다운업 쉿 업 다운업
하 나 두 울 세 엣 네 엣
3
Am7
Am7
다 운 다운업 쉿 업 다운업
하 나 두 울 세 엣 네 엣
다 운 다운업 쉿 업 다운업
하 나 두 울 세 엣 네 엣

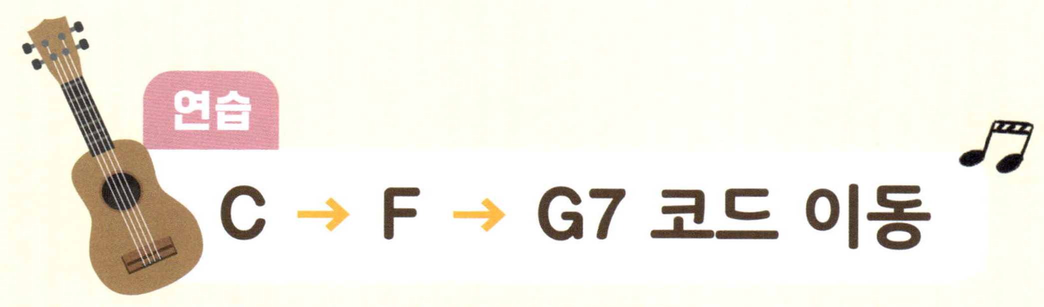

C

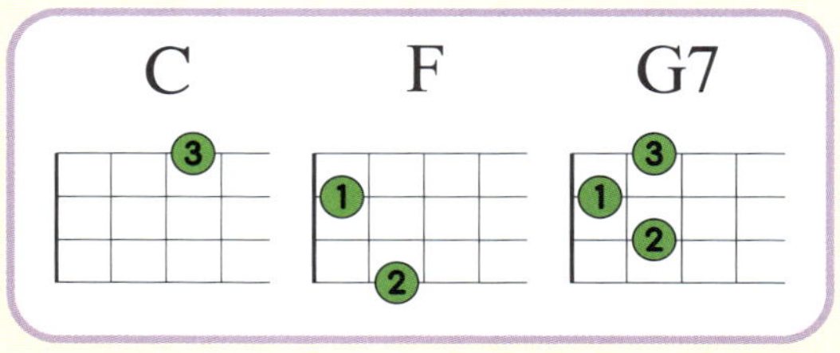

F

G7

C

F

G7

F

C

꿈을 먹는 젊은이

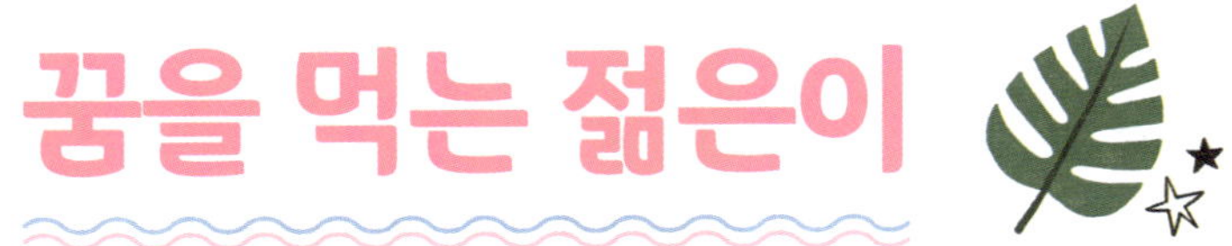

김중순 작사 / 김호남 작곡

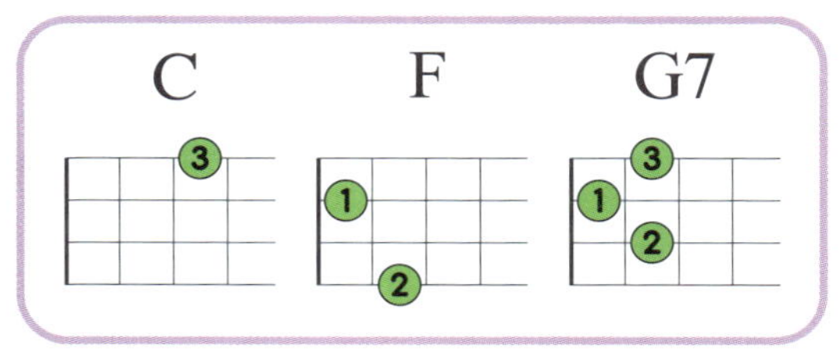

C   F   G7

4/4
하 나 두 울 세 엣 네 엣

17 C   C   F   F
행－복은－언제나 마－음속－에있는 것－－－－－－－ －－－－－－－

21 C   C   G7   G7
괴－로움－은모두 저－강물－에버려 요－－－－－－ －－－－－－－

25 C   C   F   F
사－랑과－욕망도 모－두마－셔버리 고－－－－－－ －－－－－－－

엔딩 연주

29 G7   G7   C   C G7 C
내－일을－위해서 젊－음을－불태워 요－－－－－－

꼬부랑 할머니

한태근 작사·곡

이 곡은 칼립소 리듬이에요. 가사에 표시된 안 치는 박자도 입으로 말하며 손과 입을 함께 움직여 연습해 보세요.

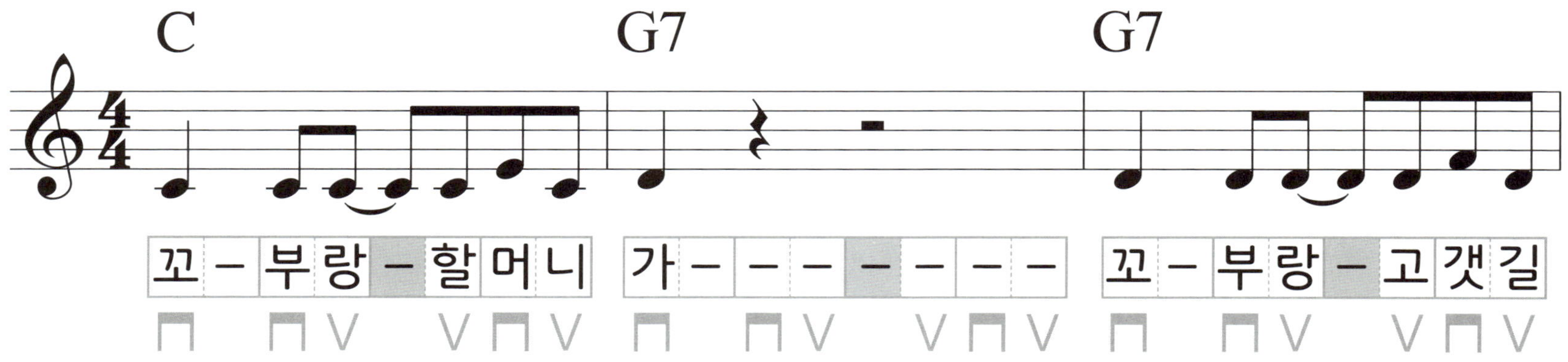

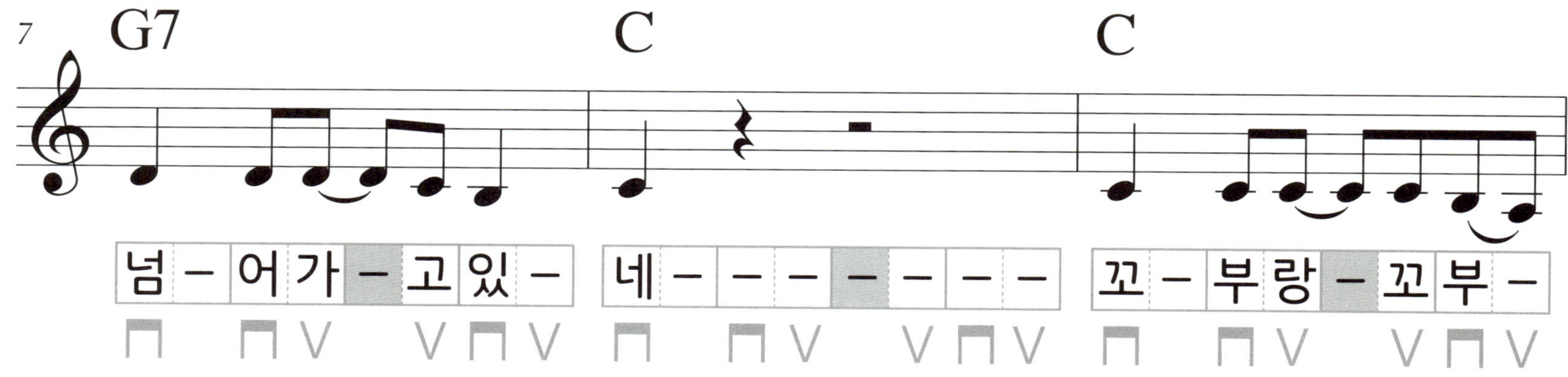

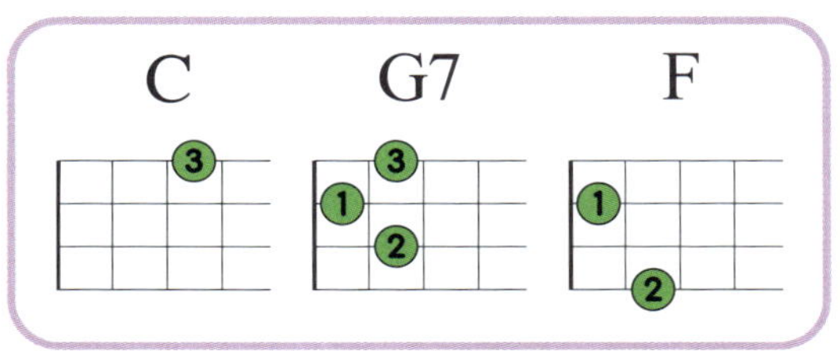

C   G7   F

4/4
하 나 두 울 세 엣 네 엣

G7   G7   C
랑 ㅡ ㅡ ㅡ ㅡ ㅡ ㅡ ㅡ   꼬 ㅡ 부 랑 ㅡ 꼬 부 ㅡ   랑 ㅡ ㅡ ㅡ ㅡ ㅡ ㅡ ㅡ

C   F   G7
고 ㅡ 개 는 ㅡ 열 두 고   개 ㅡ ㅡ ㅡ ㅡ 고 개 를   고 ㅡ 개 를 ㅡ 넘 어 간

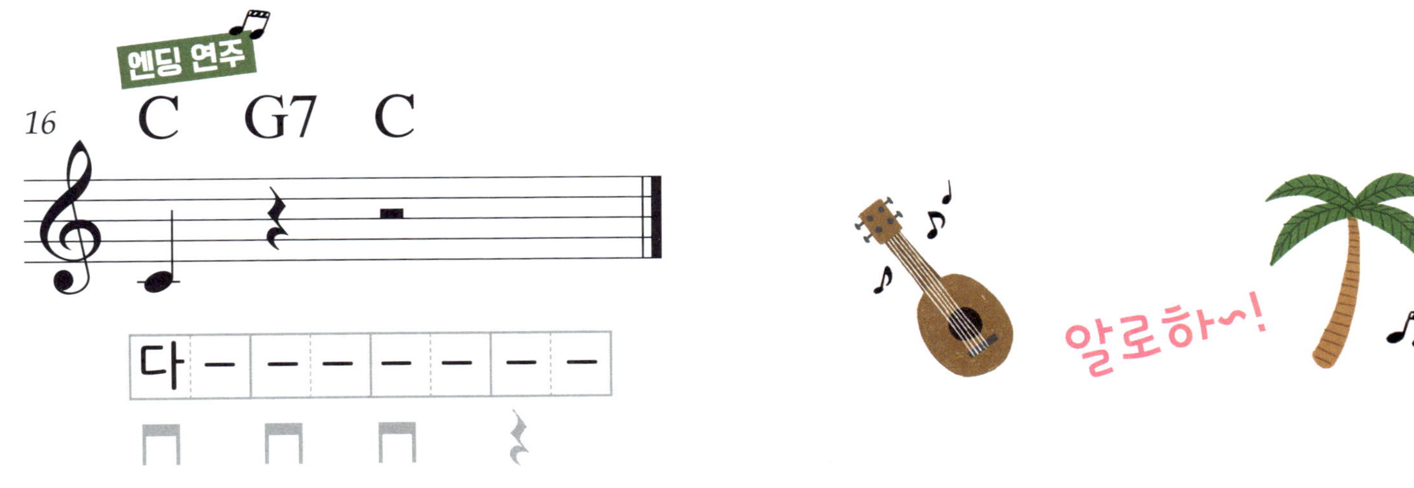

엔딩 연주
C   G7   C
다 ㅡ ㅡ ㅡ ㅡ ㅡ ㅡ
알로하^!

조개껍질 묶어 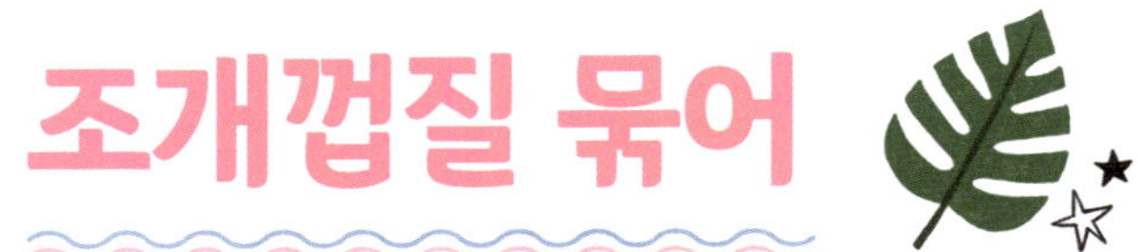

윤형주 작사·곡

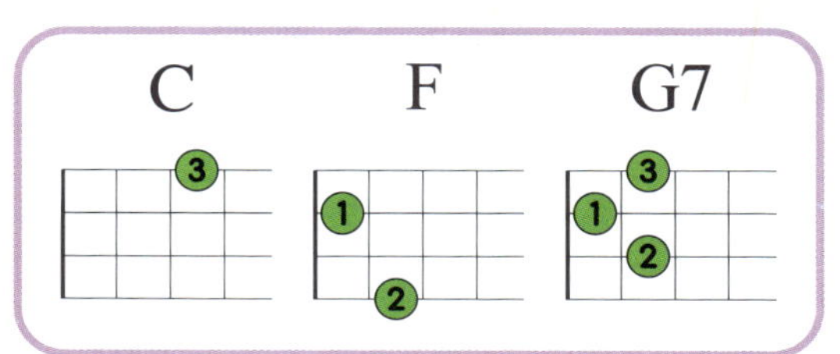

C   F   G7
3   1   1 3
     2   2

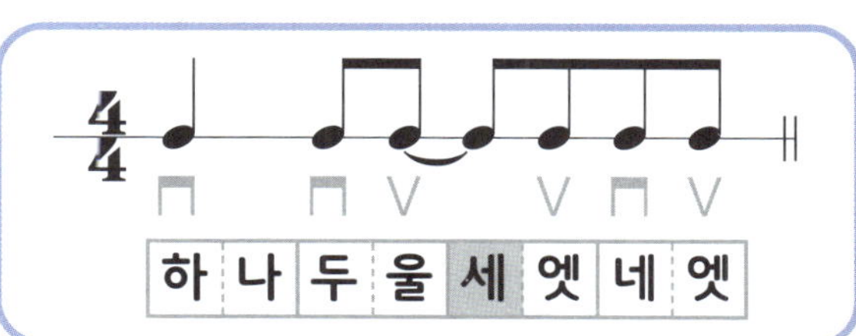

우아한 우쿨렐레
4/4
하 나 두 울 세 엣 네 엣

13
C   F   G7
여 - 름 - 밤은 - 깊   어 - 만 - 가고 - -   잠 - 은 - 오질않네

16
C   C   F
- - - - - - - -   라 - 라 - 라라라라   - - - - - - - -

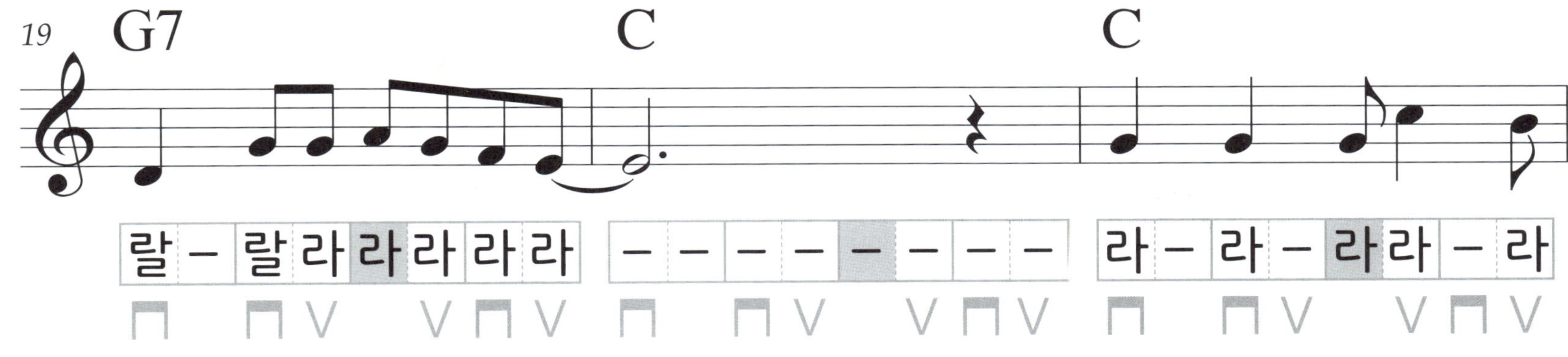

19
G7   C   C
랄 - 랄라라라라라   - - - - - - - -   라 - 라 - 라라 - 라

22
F   G7   C
라 - 라 - 라라 - -   라 - 라 - 라라라라   - - - - - - - -

부록 # 실전곡

♫ 8비트 리듬

♫ 8비트 응용 리듬

♫ 칼립소 리듬

자주 사용하는
우쿨렐레 코드표

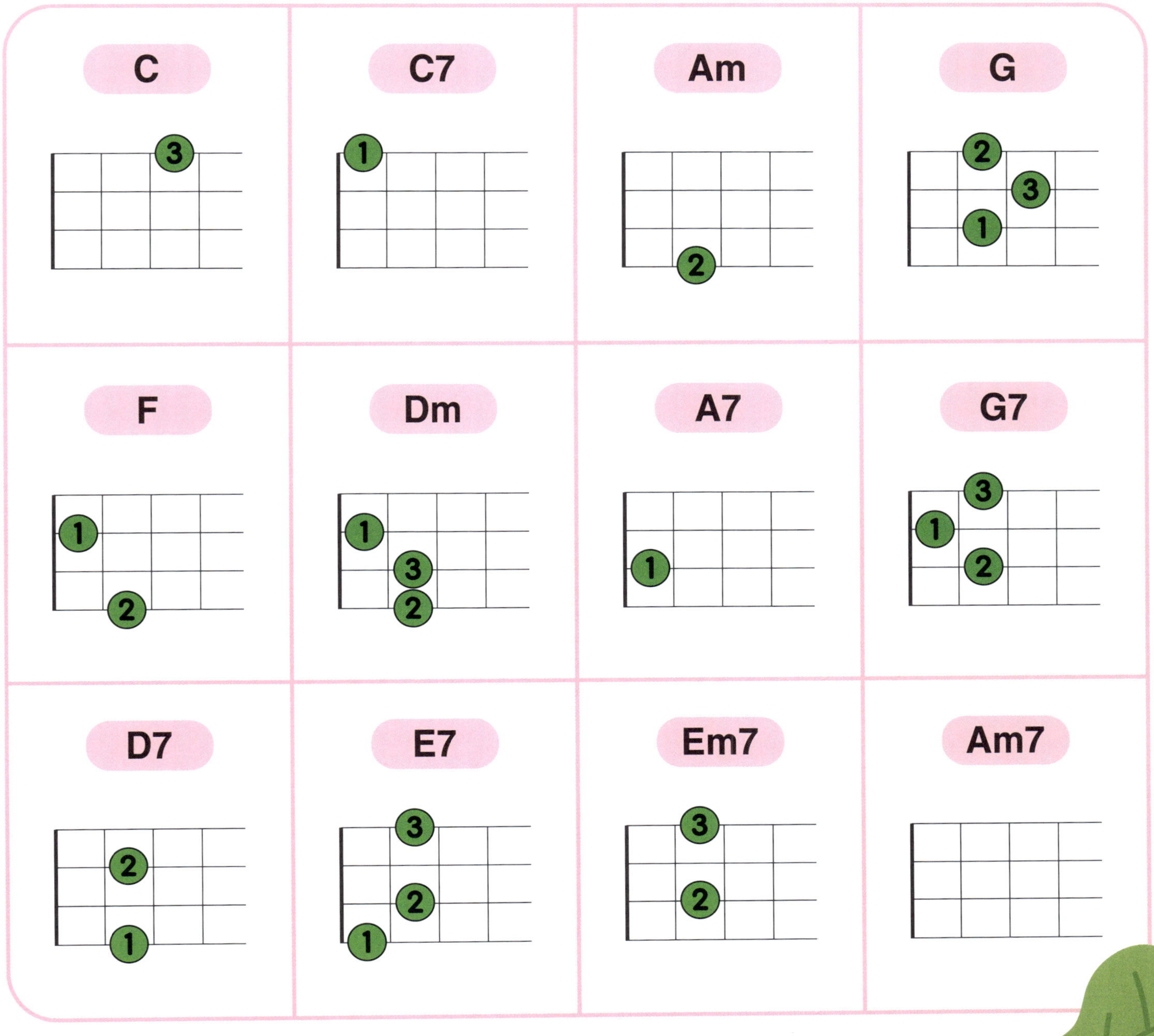

목로주점

이연실 작사·곡

멋 드러-진 친 구 내 오랜 친 구야 -
언 제라-도 그곳에서 - 껄 껄껄-웃 던 -
멋 드러-진 친 구 내 오랜 친 구야 -
언 제라-도 그곳으로- 찾아 오 - 라 던
이 왕이-면 더 큰잔-에 술을 따--르 고
이 왕이-면 마주 앉-아 마 시자-그랬 지

C F G7 Dm C7
하 나 두 울 세 엣 네 엣
그 래 그렇 – 게 마주 앉––아 서
그 래 그렇 – 게 부딪 혀 – 보 자
가장 멋 – 진 목 소 리 로 기 원 하려 마 –
가장 멋 – 진 웃음으로 – 화답 해 – 줄 게
오 늘 도 – 목 로 주점 흙 바람 – 벽 엔
삼 십 – 촉 백 열 등이 그네 를 – 탄 다

노란 샤쓰의 사나이

손석우 작사·곡
8비트 리듬
G G G G
노오 란   샤 쓰 입－은 － 말 없
은   아 니 지－만 － 씩 씩
D7 G D7 D7 G
는   그 사 람 이 － 어 쩐 지
한   생 김 생 김 － 그 이 가
New Em7 Em7 D7 D7
나 는－좋 아 － 어 쩐 지   맘 에 들
나 는－좋 아 － 어 쩐 지   맘 에 쏠
G C 1. G 2. G C C
어   － 미 남 － 아 아 야   룻 한 마
려
G G C G D7
음   － 처 음 느 껴 본   심 정

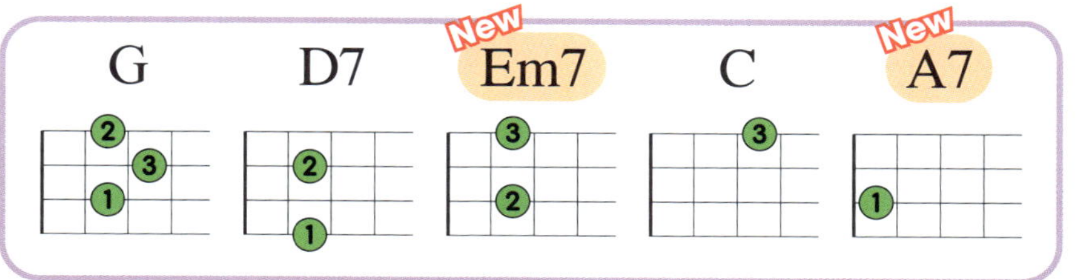

G   D7   New Em7   C   New A7

4/4
하 나 두 울 세 엣 네 엣

26
D7   C   C   G   G
－ 아 아 그 이 도 나 를 － 좋 아

31
New A7   A7   D7   D7   G
하 고 계 실 까 － 노 오 란

36
G   G   G   D7   G
샤 쓰 입－은 － 말 없 는 그 사 람

41
D7   D7   G   G   Em7
이 － 어 쩐 지 나 는－좋 아

46
Em7   D7   D7   G   C   G
－ 어 쩐 지 맘 에 들 어 －

꽃집 아가씨

지웅 작사 / 홍현걸 작곡

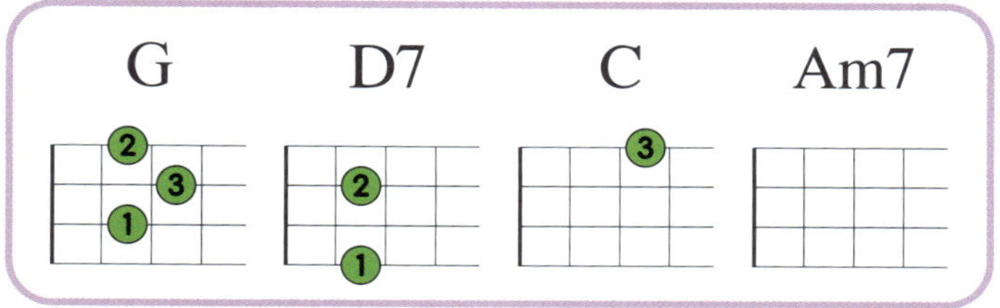

G
D7
C
Am7

4/4
하 나 두 울 세 엣 네 엣

17
G
D7
D7
G
예쁘고예 쁜 꽃 들이 –
한번만보 면 누 구나 –
모두다방 실 웃 는데 –
당장에정 들 거 예요 –

21
G
D7
D7
G
꽃보다예 쁜 그 녀의 –
그러나보 진 마 세요 –
귀여운그얼굴만 언 – 제나새 – 침해
그녀가없으면은 나혼자선못살아요

25
G
G
D7
D7
어쩌다한 – 번만 웃 으면 –
마음이약한나는 미 쳐요 –

29
G
C
D7
G
새빨간장미보다 새하얀백합보다 천배나만 – 배나 예 뻐요 –

노래하며 춤추며

안언자 작사 / 김현우 작곡

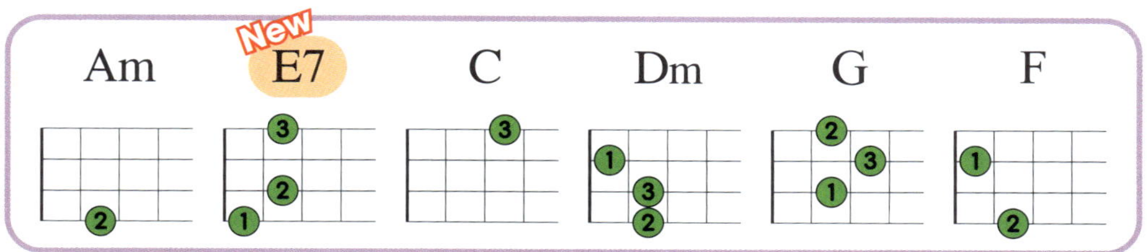

Am
New
E7
C
Dm
G
F

4/4
하 나 두 울 세 엣 네 엣

13
C   Am   F   E7
그 대와같이   느 껴-보는   행 복한 기 분

17
Am   Am   F   G   C   E7
지 난일은   생 각을말고   춤 을추 어 요   ----- -

22
Am   Am   Am   E7
사랑하는   연인들 서로마주   보면서   흥겨웁게춤을춥시 다

26
Am   Am   Am   E7   Am
괴로운일   슬픈일 모두잊어   버리고   이순간을노래불러 요

잊혀진 계절

박건호 작사 / 이범희 작곡

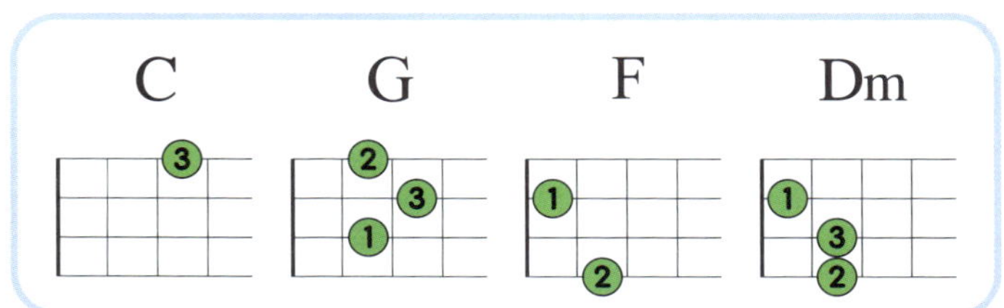

C
G
F
Dm

4/4
하 나 두 울 세 엣 네 엣

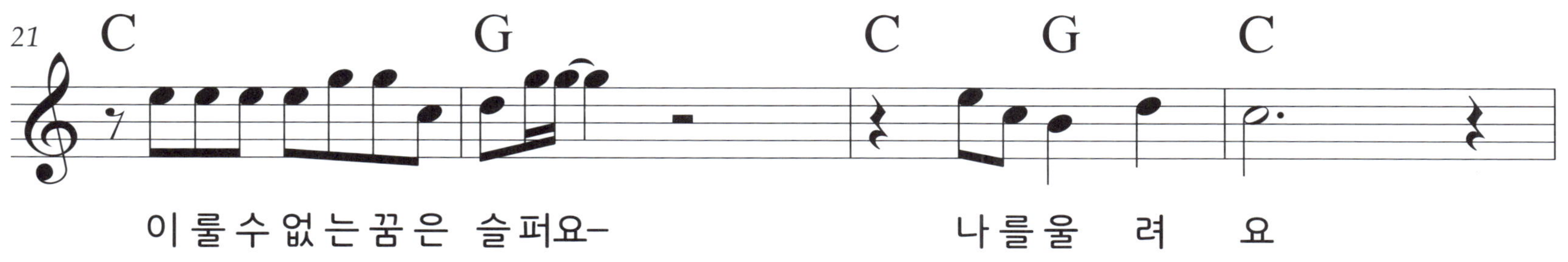

C
G
C
G
C
이 룰 수 없 는 꿈 은 슬 퍼 요-
나 를 울 려 요

C
Dm
F
G
그 날 의 쓸 쓸 했 던 표 정 이-
그 대 의 진 실 인 가- 요
한 마

C
F
C
G
C
G
디
- 변 명 도 못 하 고-
잊 혀 져 야 하 는 건 가 요
- - -

C
G
F
G
언 제 나 돌 아 오 는 계 절 은-
나 에 게 꿈 을 주 지- 만

C
G
C
G
C
이 룰 수 없 는 꿈 은 슬 퍼 요-
나 를 울 려 요

최진사 댁 셋째 딸

전우중 작사·곡

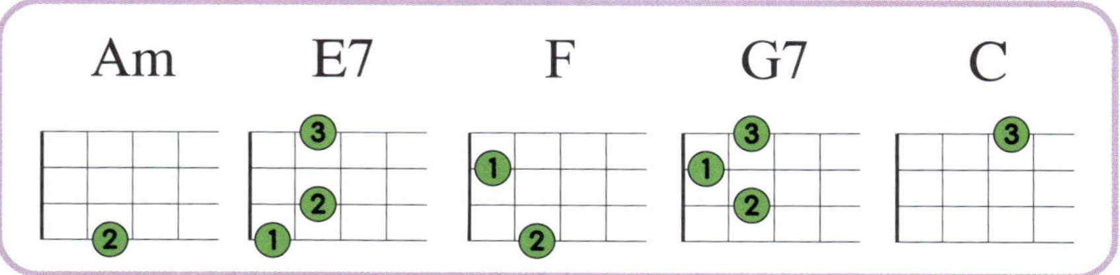

Am E7 F G7 C
하 나 두 울 세 엣 네 엣

그렇다면내가 최진 사만나뵙고 넙 죽 절하 고 –

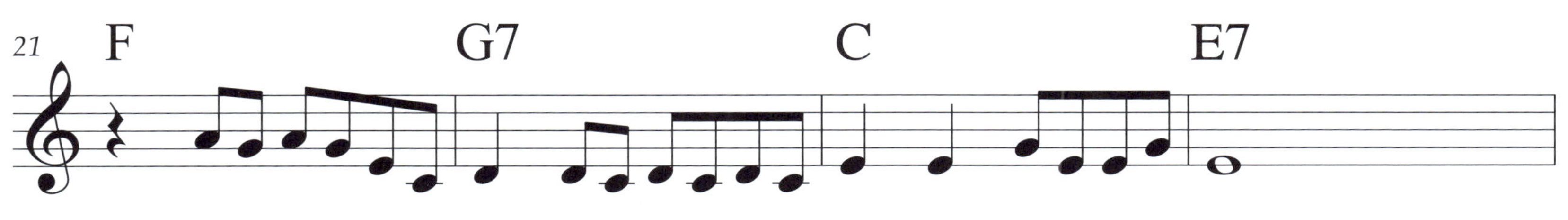

아랫마을사는 칠 복이놈이라고 말 씀 드리고나 서

염 치 없지 만셋 째 따님 을 사 랑 하–오니 –

사 윗감없으시면 이 몸이어떠냐고 졸 라 봐야 지 –

풍선

이두헌 작사 / 김성호 작곡

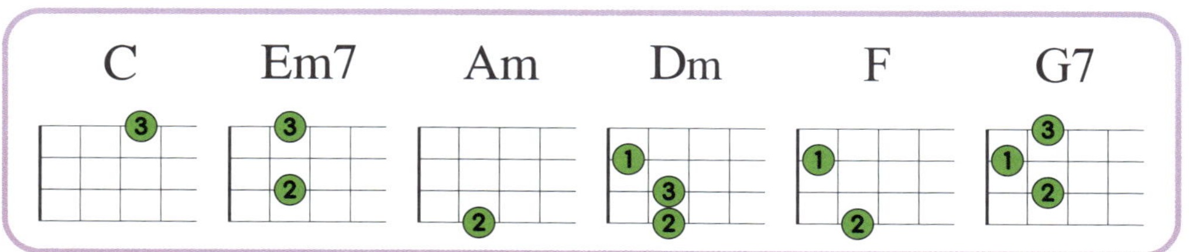

C Em7 Am Dm F G7

4/4
하 나 두 울 세 엣 네 엣

21
Am Dm G7 G7
내가너무 커 버 렸 을 – 때   하지만

25
Am Em7 Am Am
괴 로 울 땐   아 이 처 럼   뛰어놀고 싶 – 어   조그만

29
Dm F G7 G7
나 의 꿈들을풍 – 선 에가득싣 – 고

33
C C Em7 Em7
지 나가버 린 –   어 린시절 엔 –
노 란풍선 이 –   하 늘을날 면 –

37
Am Am Dm F G7
풍 선을타 고 –   날아가는 예 쁜 꿈 도 꾸 었지
내 마음에 도 –   아름다운 기 억 들 이 생 각나

사랑은 늘 도망가

강태규 작사 / 홍진영 작곡

※ 교재의 편의를 위해 못갖춘마디를 갖춘마디로 표기하였습니다.

젊은 그대

안양자 작사 / 김수철 작곡

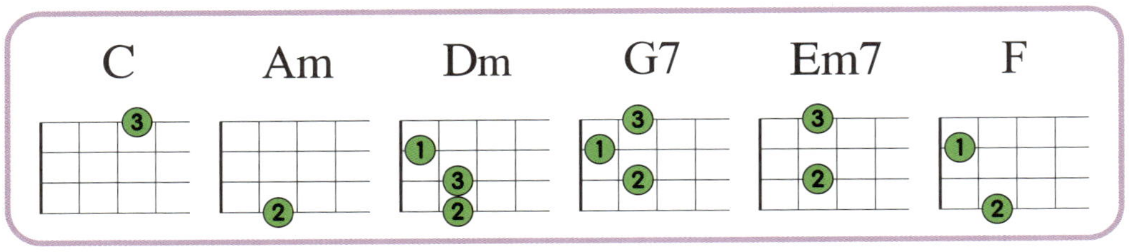

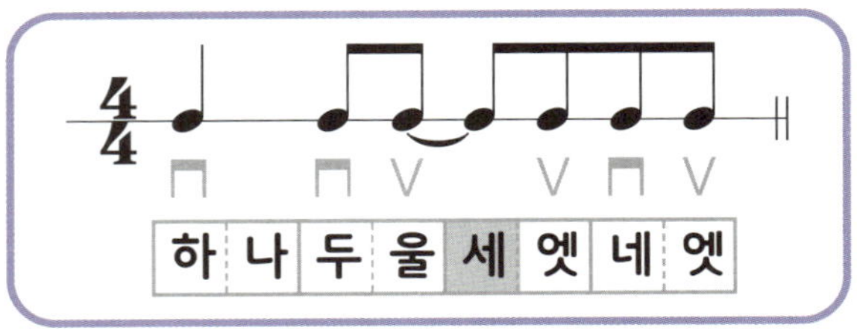

21 C   C   F   F
- 아아 - 젊 은 그대 잠 깨 어 - 오라
25 C   C   F   G7
- 아아 - 아 아
29 C   Am   F   G7
사 랑 스런 젊은그대 - 아 아

33 C   Am   F   G7
태 양 같은 젊은그대 - 젊 은 그

37 C   C   F   G7
대 - 젊 은 그

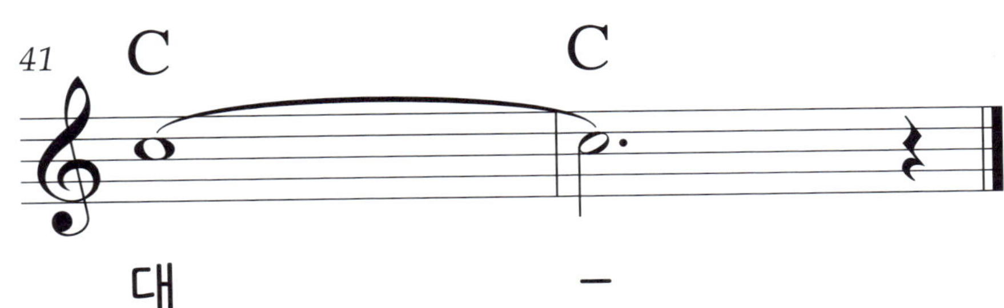

41 C   C
대 -

알로하~!

담다디

김남균 작사·곡

C Am Dm G7
4/4
하 나 두 울 세 엣 네 엣

C   Am   Dm   G7
우   우   우   －우－－ 우

C   Am   Dm   G7
담 다디담 다디 담 다디담   담 다디다 담 담 다디담

C   Am   Dm   G7
담 다디담 다디 담 다디담   담 다디다 담 다 다담－

C   C   Am   Am
그 대 는 나 를－   떠 나 려 나－ 요－

Dm   Dm   G7   G7
내 마 음 이렇 게－   아 프 게 하 고－

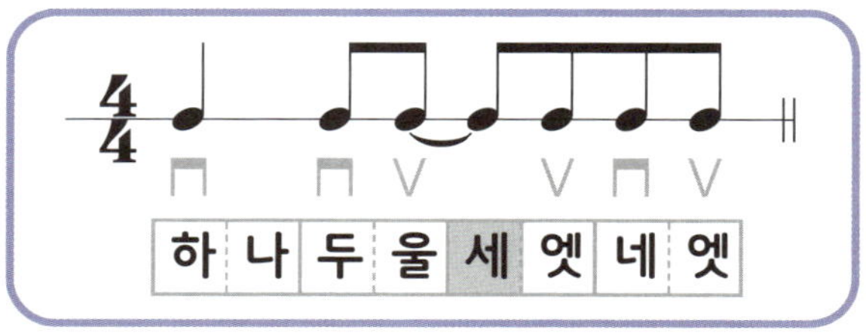

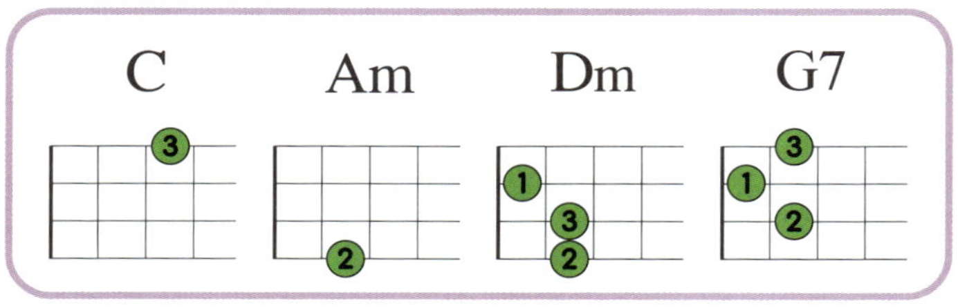

그 대는 나 를 – 떠 나 려 나 – 요 –
내 마 음이렇 게 – 슬 프 게 하 고 –
그 대는 – 나 –를 – 사랑할수 – – 없 나요 –
난 정말그 대를 사 랑해 – 그 대가나 를 떠 나도 –
담 다디담 다디 담 다디담 담 다디다 담 담 다디담
담 다디담 다디 담 다디담 담 다디다 담 다 다담 – 다다담

아빠의 청춘

반야월 작사 / 손목인 작곡

Am   Dm   E7
하 나 두 울 세 엣 네 엣
16 Am   Am   E7   Am
아 직 까 지 –   청 춘 은 있 다
19 Am   E7   Am   Dm   E7
원 더 풀–   원 더 풀–   아 빠 의 청 춘
23 Am   Am   Am   E7
브 라 보–   브 라 보–   아 빠 의 인
26 Am   Am   E7   Am   Am E7 Am
생   아 빠 의 인 생

제주도 푸른 밤

최성원 작사·곡

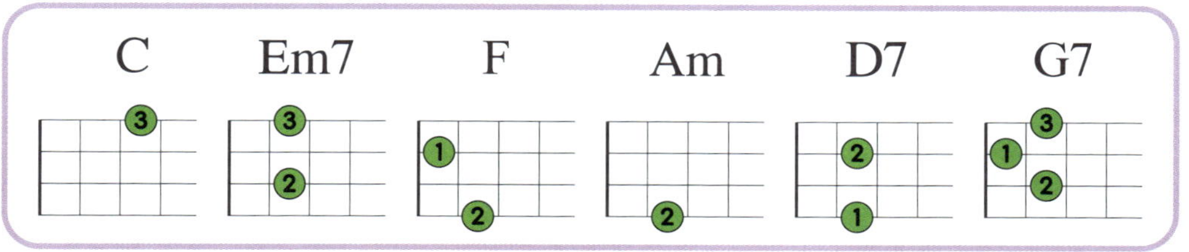

G7   F   G7   C   Am
－   아 파 트담 벼락 보 다 는－ 바 달

F   G7   C   Am   F   G7
볼 수 있는창 문 이 좋아 요－   낑 깡 밭일 구 고

C   Am   D7   G7   G7
감 귤 도 우리 둘이 가꿔봐요 －   －   정말로

C   Em7   F   C
－ 그대가 －   외롭 다 고느껴진다 면   떠나요

Am   F   G7   C
－ 제주도 －   푸른 밤 하늘아래 －로－

김규아(마녀샘)

- 단국대학교 대중문화예술대학원 뮤지컬과 졸업
- 우쿨렐레 전문 교습소 마녀의 우쿨렐레&칼림바 원장
- 위치스컬쳐 평생교육원 원장
- 위치스컬쳐 사회적 협동조합 대표이사장
- 창의음악교육 우쿨렐레 연구협회 "마녀의 우쿨렐레" 협회장
- 창의음악교육 칼림바 연구협회 "마녀의 칼림바" 협회장
- 서경대학교, 신구대학, 동덕여자대학교, 연성대학 아동학교 우쿨렐레 외래교수 역임
- 경기도 인재개발원 협신인재교육 우쿨렐레 강사

저서

- 네모 숫자 악보와 함께하는 마녀의 칼림바 기초곡집
- 네모 숫자 악보와 함께하는 마녀의 칼림바
- 하루 끝 달빛 마녀의 칼림바 연주곡집
- 우아한 우쿨렐레

공동 연구 위원

서유리, 이수현, 김수련, 박현희

우아한 우쿨렐레 김규아(마녀샘) 편저

발행인 박현수
발행처 세광음악출판사 | 서울특별시 구로구 벚꽃로76길 27
　　　　 Tel. 02)714-0048, 50(내용 문의)　 Fax. 02)719-2656
　　　　 http://www.sekwangmall.co.kr

공급처 (주)세광아트 Tel. 02)719-2652　　 Fax. 02)719-2191

총괄 강성호
편집 및 교정 이슬기, 유은재
디자인 이현정, 이민희
제작 김상준
마케팅 강성호, 윤미희
사진 제공 Makana Ukulele(마카나 우쿨렐레)

등록번호 　제 3-108호(1953. 2. 12)
ISBN 　978-89-03-83327-7　 93670

ⓒ 2025 김규아(마녀샘)